温铁军科研团队作品

破局乡村振兴

中国式农业农村现代化的 11 个思考

陈高威　温铁军　著

重庆出版集团　重庆出版社

图书在版编目（CIP）数据

破局乡村振兴：中国式农业农村现代化的11个思考/陈高威，温铁军著．—重庆：重庆出版社，2023.6（2024.1重印）
ISBN 978-7-229-17707-2

Ⅰ.①破… Ⅱ.①陈… ②温… Ⅲ.①农业现代化—研究—中国②农村现代化—研究—中国 Ⅳ.①F320.1

中国国家版本馆CIP数据核字（2023）第110333号

破局乡村振兴——中国式农业农村现代化的11个思考
POJU XIANGCUN ZHENXING—ZHONGGUOSHI NONGYE NONGCUN XIANDAIHUA DE 11GE SIKAO
陈高威 温铁军 著

责任编辑：徐 飞 荣思博
责任校对：郑 葱
装帧设计：李南江

重庆出版集团
重庆出版社　出版

重庆市南岸区南滨路162号1幢 邮政编码：400061 www.cqph.com
重庆出版社艺术设计有限公司制版
重庆共创印务有限公司印刷
重庆出版集团图书发行有限公司发行
E-MAIL：fxchu@cqph.com 邮购电话：023-61520646
全国新华书店经销

开本：787mm×1092mm 1/16 印张：19.75 字数：210千
2023年6月第1版 2024年1月第4次印刷
ISBN 978-7-229-17707-2
定价：65.00元

如有印装质量问题，请向本集团图书发行有限公司调换：023-61520678

版权所有　侵权必究

序言

我们为什么要发声？

近年来，关注我们科研团队的朋友们可能会感觉到我们在连续"发声"。不仅在海内外出版了十几本书、在各类学术性刊物上发表了几十篇文章，而且在B站（哔哩哔哩）建立了"国仁乡建""全球大学"两个公众号，在抖音和头条上也直接以"温铁军"命名了公众号，①并且为这些传播工具安排组织了志愿者团队来维护，遂在网上形成了多种形式的发声渠道。为什么呢？

首先是知识生产应该自觉地服务于国家需求。

2017年，党的十九大将乡村振兴确立为国家战略，标志着一个国家重大战略转型的大时代的形成——乡村振兴既是国家应对全球化挑战的"压舱石"，也是练好内功夯实基础、向生态文明转型的主战场。这个具有重大历史意义的转型，更是被党的二十大提出的"中国式现代化"的特性所充分表述。习近平总书记强调，

---

① 特别提示，除了这些我们公布的公众号之外，其他自媒体发表的内容都不是我们授权的。

"世界上既不存在定于一尊的现代化模式，也不存在放之四海而皆准的现代化标准。我们推进的现代化，是中国共产党领导的社会主义现代化，必须坚持以中国式现代化推进中华民族伟大复兴"。①

并且，中央已经把乡村振兴与实现中国式现代化，在时间分段上统一起来了：2035年基本实现社会主义现代化，同年基本实现农业农村现代化；到2050年实现全面现代化，同年完成乡村全面振兴。

据此，可以深化我们对中国式现代化五大特征存在着的紧密相关的内在逻辑的理解。14亿人口的"共同富裕"需要协调"物质精神"双文明，对内是"人与自然和谐共生"的生态化，对外走"和平发展"的中国特色社会主义道路。

相对而言，过于激进的西方模式的工业化、城市化和金融化、虚拟化，及其客观上导致的房地产泡沫化与金融加杠杆难以遏止等问题，不仅成为受关注和管控的问题领域，而且一旦这些已经泡沫化泛滥的趋势有所阻遏，所造成的经济下行会很快被"带节奏"地反过来用于指责中央宏观调控——粗放数量型发展期间已经尾大不掉的资本利益集团们的声音"瓦缶雷鸣"地在政策领域大肆传播，社会各界特别是中下层群众深受其害却没有辨析能力，急需有人为他们发声。

诚然，自从"三农"问题成为"重中之重"二十多年来，我们各地乡建团队长期认同的是"大象无形""大音希声"，大家更多开展基层调研和乡村试验，较少"主动"地在社会上发声，对

---

① 习近平总书记2022年7月在省部级主要领导干部专题研讨班上的讲话。

各类不解和批评也一概不予回应。但，现在全球化危机异常复杂，需要配合国家应对历史上前所未有的重大风险和挑战，需要支撑中央政府提出的战略调整。因此，我们最近几年组织力量出版和发表了不少作品，提出了应对全球危机要加固乡村的"劳动力池"作用和扩大生态产业化的"资产池"等理论创新，也在一些媒体上用视频等形式向大家普及"三农"领域知识、汇报我们团队的最新研究成果。有人觉得很好，能让大家更好地了解这个世界客观存在的各种挑战与机遇；有人觉得我们很烦，喋喋不休地几十年来一直说"三农"、乐此不疲地为乡村振兴"鼓"与"呼"……但，无论好恶，我们不断地发声呐喊，确实还能起点作用。

这不是要争辩哪一类建议在国家重大政策表述上更有优势，而是我们凭借更为广阔的研究视野，以及长期在海内外深入基层做调查研究形成的积累，为应对全球化危机的挑战更好地打造"压舱石"，为中国经济发展和社会稳定的大局贡献一份力量。这大抵是有良知的知识分子的一份自觉意识。

发声，因为我们仍处在"居危思危"[①]阶段。

我们都知道，新中国的发展历史一直是危机四伏，也由此而有"多难兴邦"的经验。那么，为什么现在讲历史上前所未有的重大挑战，主要因为资本主义在金融资本阶段的"内爆"趋势显著——美国自2008年金融危机以来，为了应对经济下行，与欧洲日本这些发达国家统一行动，大规模地制造流动性过剩，向全球转嫁美国和西方推进金融资本虚拟化扩张所导致的泡沫崩溃的代价。对我们中国来说，意味着越多进口、越多为世界生产，就越

---

① 我们团队在2016年出版了《居危思危——国家安全与乡村治理》一书。

多吃进通胀，简单说叫输入型通胀。接着就得问，有谁愿意继续这样吃人家输出的代价吗？这是全球化挑战的第一大问题。接着2014年美国停止量化宽松了，那些靠着大宗商品价格飞涨受益的国家已经把收益都花掉了，当价格陡然降下来，比如石油价格从148美元又降回到30美元的时候，这些得了原材料涨价好处的国家突然没收益了，消费突然萎缩，就导致全球通缩，外需大幅度下降。

从全球通胀到全球通缩，客观上是那个所谓主导全球化的霸权国家一手造成的。那么，我们应该继续跟从霸权国家的利益要求沿着这个吃进代价的方式继续走老路吗？为什么在"十四五"规划上，中国必须要转向"新阶段"——调整成"以国内大循环为主体的双循环战略"，因为一会儿全球通胀，一会儿全球通缩，进口通胀和进口通缩对我国来说都是承担了率先进入金融资本阶段的美欧日连续出台量化宽松的成本转嫁。加之2018年以来霸权国家发起全球贸易战、科技战、金融战，对华连续进攻，即使我们想继续走沿海地区大搞外向型经济和融入全球化的老路，人家也不让走了。

所以，我们遭遇的全球化挑战是个长期战略问题，并不仅仅是新冠肺炎疫情造成的全球供应链破坏。实际上，针对中国崛起的遏制早就开始了。在2019年疫情发生之前已经有10年左右时间。我国从2008年华尔街金融海啸开始就不仅一直面临着大起大落变化无常的全球化成本转嫁问题，而且那时候霸权国家就"高调重返亚太"，把60%的军事力量转向亚太地区。

由此，我们既要着眼当前这个充满挑战的阶段，还要考虑中华民族伟大复兴所面临的更为复杂的国际国内局面，必须练好内功应对危机，牢牢稳住农业基本盘、做好"三农"工作，发挥出"三农"压舱石、稳定器的重要作用。

发声，因为中国思想理论界还未摆脱西方话语体系。

众所周知，世界上90%以上的资讯是使用英语书写、因被西方大资本集团掌控而刻意强调"自由"的媒体发布的。这个"资本掌控自由媒体"的西方化基本架构，具有赢家通吃、对全球思想界和理论界达至"顺之者昌逆之者亡"的能力，这就决定了在全球化解体这个重大的历史性和世界性危机面前，我们似乎还很难用以中国自己的经验作为基础的中国话语去建构支撑应对软实力挑战的能力。

从100多年前洋务运动开始讲"中学为体，西学为用"起，早年的中国知识分子学习西方的积极性，经历了差不多100年的激进演化，应该说就已经逐渐变成"西学为体，中学为用"。某种程度上，连"中学为用"都很难再成立了，基本上就是一个被西学全覆盖的状况。这类以西学为主的学科理论体系对中国社会发展道路和经验做出的解释，相当于一种西方中心主义的理论覆盖，某种程度上应该叫做"降维覆盖"。

我们在十几年前开始尝试，想形成以中国自己的发展经验为基础的中国话语的构建。应该说，在被西方话语体系覆盖的情况之下所进行的努力是十分艰苦的过程，但我们努力了。宏观上，我们研究团队出版了《八次危机》，讲中国1949到2009年所发生的宏观经济的波动周期，接着出版了《去依附》，专题介绍1949到1952年这三年时间的经济波动，这样实际上构成了对2009年之前中国当代史上发生过的九次危机的解读；还出版了《全球化与国家竞争》，对具有代表性的新兴七国的经验与教训进行了归纳和总结。中观层面上，我们研究团队出版了《解读苏南》《再读苏南》《解读珠三角》等，对不同地方的发展经验进行分析和解释。微观上，我们研究出版了《解读战旗》，从一个村庄奋斗的微观角度来解释中国发展经验。在农业领域，我们出版了《中国农业的生态化转型——社会化生态农业理论与实践》《从农业1.0到农业4.0——生态转型与农业可持续》，以全球气候、地理的历史演变为依据，对农业发展的演进过程进行了系统梳理，进而从国际比较的视野介绍了国内外农业可持续发展的丰富经验。

扼要介绍这些出版物，其实就是想告诉大家，我们的这一系列研究成果，是想尝试着讲好中国故事，而且要认真讲好中国故事，必须要宏微观、多视角去解读。

时至今日，中国在面对国际社会"百年未有之大变局"时，坚持了不同于西方制度的新型举国体制，这个"中国特色社会主义"体制的有效实行，解决了很多问题。无论是全球化的挑战，抑或是脱贫攻坚以及乡村振兴，新型举国体制都发挥了不可磨灭的作用，符合中国的国情，也体现了社会主义制度的优越性。而这项有效的经验，却引来西方国家坚持"反共"意识形态的新冷战。近年来美国对华强硬政策从未停止，向中国发起了一系列打压中国经济增长以及科学技术创新的动作，甚至还堂而皇之地认为中国的发展应归功于西方主导的全球化。

近年来，理论界很关注"三农"问题，但不少学者却继续把西方的理论逻辑套用在国情不同的本土问题上。西方学术界根据

"土地私有化+流转市场化"的逻辑提出的农业规模经营的思想，在国内理论界得到普遍认可，除了外部资本利益集团急于下乡获利的背景之外，部分原因是其在理论逻辑上确实很完整。但把这种理论逻辑直接套用在发展中国家的"三农"问题上，则显然缺乏经验依据。几乎所有人口过亿的大型发展中国家，在继承或采行西方制度之后，普遍受制于耕者无其田、城市贫民窟化和农产品全球分工体系，并由此造成经济波动、饥饿或社会动乱。

因此，我们亟须打破西方话语体系，形成中国和发展中国家自己的话语体系，避免被西方现代化模式牵着走。

发声，因为我们不能走向错误的道路。

洪范八政，食为政首。当前，制约"三农"问题的两个基本矛盾，有了很大的变化。第一个基本国情矛盾是"人地高度紧张"，其还没有根本扭转，所以才大量进口外国的能源、原材料、粮食、饲料等等；第二个基本体制矛盾是"城乡二元对立结构"，其却已经有很大程度的缓解。从2005年确立新农村建设战略到2017年确立乡村振兴战略，国家各部门已经向农村投资形成了几百万亿的设施性资产。因为，农民无力自主形成资本投资能力，农业无力完成资本积累，只好由政府投资来完成，这就已经很大程度地改变了乡村基础设施不足的问题，缓解了城乡二元对立结构。

但我们在原来二元结构体制下形成的制度、法律、政策乃至于政策操作的部门都还没改。比如在20世纪90年代，开始比较倾向于把美国那套教科书理论体系搬过来，有人说美国农业农民如何好，规模大、产量高，其实概念错了，应该是说"美国农场主"

或"美国农业产业工人"如何。当时也有人主张把美国那一套农业现代化当做赶超目标，甚至到了30年后的今天，仍有学者提出要把美国规模化农业作为农业现代化目标。而现实中，因发展规模化农业失败跑路的投资者比比皆是。

我们非要邯郸学步吗？100年前的美国农业学者富兰克林·金博士到中国和日韩调研东亚小农村社制经济，不仅认识到中国农民数千年来形成的间作套种兼业化的有机农业，在切实而有效地养活了世界最大规模人口的同时也最好地维护了资源环境的可持续；而且还对比了西方人（借助船坚炮利的殖民化粗暴占有原住民土地）形成的美国大农场才搞了100年就严重破坏了资源环境的教训。其实，若以单位面积计算农业效率，中国仍然是土地产出率最高的国家。

党中央历来强调的规模化是以家庭农场和农民合作社为主体进行的适度规模经营，而从未肯定美国式大农场。那些按照西方模式发展农业的南半球发展中国家有成功的吗？去实地调查一番就很清楚，一些走西方道路的南半球国家只不过沦为了给西方提供初始产品的附庸，深陷于"后殖民主义"单一经济不能自拔。

所以我们应遵循国情，以农户家庭经营为基础发展农业，要有历史耐心，不搞强迫集中，因地制宜探索不同农业区划的适度规模经营，既要因地制宜地搞好"大食物安全"来保障国家粮食安全，又得坚守中国特色社会主义乡村振兴之路。

习近平总书记强调，"历史和现实都告诉我们，农为邦本，本固邦宁"。他在党的二十大召开之前的讲话中特别指出，"世界上没有定于一尊的现代化模式"。诚然，这是我们此时发声的根本原因。

最后需要说明的是，本书由编纂者陈高威主动捉笔，大量收录了温铁军在各地的各类演讲，辅之以各乡建团队组织的调研报告、撰写的文章和未发文稿。也恰因来源多样而难免有文字较散、所设主题不易集中论述等内生性问题，遂有陈生八易其稿而我仍然不允付梓的2年延宕！最终，为了激励后进，也为了完善隐含在文字中的逻辑解释能力，虽入古稀之年仍不得不再体验了一回"半编辑半作者"的辛苦。

现在终于完稿了，需要真诚感谢团队成员董筱丹、邱建生、潘家恩、杨帅、黄志友、张俊娜、王茜、罗士轩、刘亚慧、马黎、王雅兰、周雅希等给予的支持与帮助。李晔老师为此书提出了宝贵意见，重庆出版社对此书的出版提供了大量支持，编辑徐飞对此书倾注了大量心血，在此一并致谢。

《破局乡村振兴》写作组
陈高威起草于成都
温铁军修改定稿于北京
2022年12月25日

前言

人与自然和谐共生的现代化与乡村振兴新格局*

> 大自然是人类赖以生存发展的基本条件。尊重自然、顺应自然、保护自然,是全面建设社会主义现代化国家的内在要求。必须牢固树立和践行绿水青山就是金山银山的理念,站在人与自然和谐共生的高度谋划发展。
>
> ——摘自党的二十大报告

习近平总书记在党的二十大报告中指出:中国式现代化是人口规模巨大的现代化、是全体人民共同富裕的现代化、是物质文明和精神文明相协调的现代化、是人与自然和谐共生的现代化、是走和平发展道路的现代化。在这个关键时刻,党中央提出这"五个定位的现代化"意味着什么?意味着在中国特色社会主义现代化进程中,我们需要摒弃过于激进的西方模式的城市化和金融

---

* 部分内容发表于《重庆行政》2021年2期,略有改动。

化，要体现符合自己道路的现代化，其主要内涵是体现以广土巨族自主性的"14亿人口"为中心的"人与自然和谐共生"的生态化可持续发展，奋斗目标是中华民族伟大复兴……

怎么才能实现可持续发展？

党的二十大报告指出了发展路径："尊重自然、顺应自然、保护自然，是全面建设社会主义现代化国家的内在要求。必须牢固树立和践行绿水青山就是金山银山的理念，站在人与自然和谐共生的高度谋划发展。"

我们对此的理解就是要以"三新（新阶段、新理念、新格局）"推进乡村振兴战略，其关键是要在空间生态资源再定价之中体现"空间正义"以实现可持续发展，打破造成严重生态和社会负外部性的发展旧格局，形成可持续发展的新格局。

同时，党的二十大报告指出，当前世界百年未有之大变局加速演进，新一轮科技革命和产业变革深入发展，国际力量对比深刻调整，我国发展面临新的战略机遇。此外，新冠肺炎疫情影响深远，逆全球化思潮抬头，单边主义、保护主义明显上升，世界经济复苏乏力，局部冲突和动荡频发，全球性问题加剧，世界进入新的动荡变革期。

党中央认为，从容应对百年变局和新冠肺炎疫情，推动经济社会平稳健康发展，必须着眼国家重大战略需要，稳住农业基本盘，做好"三农"工作，接续全面推进乡村振兴，确保农业稳产增产、农民稳步增收、农村稳定安宁。

总体来看，"稳"是总基调。由于当前国际形势复杂多变，我国面临着"需求收缩、供给冲击、预期转弱"三重压力，中央经济工作会议作出了稳中求进的工作部署，中央"一号文件"呼应了中央经济工作会议稳中求进的会议精神。

想要求"稳"，必须按照2022年中央"一号文件"的要求守好两个底线：一是必须保证粮食安全，二是防止出现规模性返贫；而坚守底线的根本在于把握新发展阶段、贯彻新发展理念、构建新发展格局。

该怎么理解中央的乡村振兴战略调整？我们认为，应把三农工作放入我国的"新发展阶段、新发展理念、新发展格局"中来解构。"三新"这个词，可能大家很少深入去思考，我们简单回顾一下。2021年1月11日，习近平总书记在省部级主要领导干部学习贯彻党的十九届五中全会精神专题研讨班开班仪式上发表重要讲话强调，进入新发展阶段、贯彻新发展理念、构建新发展格局，是由我国经济社会发展的理论逻辑、历史逻辑、现实逻辑决定的。党的二十大报告指出"必须完整、准确、全面贯彻新发展理念，坚持社会主义市场经济改革方向，坚持高水平对外开放，加快构建以国内大循环为主体、国内国际双循环相互促进的新发展格局"。我们认为这是新时期全面推进乡村振兴的指导思想。

就"三农"工作来说，我们认为新发展阶段就是融入国内大循环，新发展理念就是"两山论"指导下的生态产业化和产业生态化，新发展格局就是城乡融合促进新型县域经济。

但我们在调研过程中发现，很多地方还是"三旧"：以全球化加工贸易型的外需拉动经济增长为主是旧阶段，以资为本是旧理念，以工业化和城市化为主的老方式发展是旧格局，以至于很多矛盾不能很好解决。

新发展理念和旧的理念有所不同，比如，现在我们面对的外部的不确定性，其实主要是全球化带来的巨大挑战。而全球化挑战最主要的矛盾就是全球过剩，全球过剩又主要是由近20年来西方主要国家增发大量货币，导致大宗商品市场价格上涨所造成的，这进一步演化为中国遭遇到"输入型通胀"，并导致资源环境被破坏和社会福利下降。中央在面对这些全球过剩的挑战时，开始做出战略性调整，强调加快构建以国内大循环为主体、国内国际双循环相互促进的新发展格局。

因此，贯彻落实好"三农"工作，就需要我们把握好"稳"的基本原则，守住守好两条底线的硬任务，坚持在"三新"下推进乡村全面振兴。

一、贯彻新阶段、新理念、新格局下的高质量发展

在2000年以后全球气候变暖速度明显加快的挑战下，中国首先做出发展理念和战略的调整。2003年党中央提出"科学发展观"，明确不再以追求GDP为发展目标；2006年提出资源节约、环境友好的"两型经济"目标；2007年进一步提出生态文明发展理念；2012年在党的十八大上首次将生态文明建设列入国家发展战略，也是在这个时期，习近平生态文明思想基本上正式确立。"绿水青山就是金山银山"的"两山"理念早在1988年习近平任福建宁德地委书记时就已初步形成，后于2005年在浙江首次提出，并于2019年习近平总书记考察东北时增加了"冰天雪地也是金山银

山"的论述。在理论上，这意味着新时代生态文明战略下的新经济所内在的生产力要素得到了极大拓展，意味着新发展阶段中国经济结构发生了重要变化。

此外，党中央2005年确立新农村建设战略时就强调过"县域经济"，并在2020年党的十九届五中全会强化乡村振兴战略时再度强调了县乡村三级的规划整合，也就是新型县域生态经济，其主要的发展方向就是把以往粗放数量型增长改为县域生态经济的质量效益型增长。在党的二十大上，中央一脉相承地提出"人与自然和谐共生的现代化"，实质上强调的就是生态文明战略。

新发展阶段有两个新经济类型作为国家战略调整的引领：一个是数字经济，一个是生态经济。通过这两个领域的新生产力要素的有机结合去改造旧产业，就会带来大众创业万众创新的时间与空间拓展；这与过去产业经济和金融经济两个阶段的经济领域有相当大的差别。

一百年来，中国追求的主要是产业资本扩张，理论上被叫作产业经济。21世纪前后，金融资本扩张逐渐成为主导力量，特别是到21世纪第二个十年，中国进入了金融资本全球化时代。但是，这个阶段发生的2008年华尔街金融海啸和2014年金砖国家需求下滑造成国内两次生产过剩，矛盾越来越尖锐，所以一方面加入国际金融竞争客观上构成人民币与美元两大资本集团的对抗性冲突；另一方面由于人民币不能直接进行海外投资而只能滞留国内，遂在某种程度上也出现金融过剩和社会矛盾的加剧。

由此，中央不断做出调整：2012年确立生态文明战略转型、2014年认定"经济下行期"之后，2015年出台"工业供给侧改革",2017年提出"农业供给侧改革",2019年强调"金融供给侧改革",并且为防止金融异化而再三要求国内金融机构的投资不能脱实向虚,必须服务实体经济。例如,国家农业银行必须坚守服务"三农"职责使命;再如,2020年要求金融系统向实体经济让利1.5万亿元。总之,中央要求金融业必须服务实体经济且以政治手段勒住金融资本异化实体的趋势,遏制国内金融部门走西方国家放任"野蛮生长"的虚拟化扩张的不归路。

与此同时,中央抓紧进行新经济转型,一方面是客观上已经初步形成的数字经济,另外一方面则是正在开始形成的生态经济。如果数字经济和生态经济这两个转型能够成功结合起来,内涵式地服务于城乡融合,促进乡村振兴,帮助建构新型县域经济的新格局,中国就能够回避资本主义在人类历史两三百年的时间里从产业资本异化社会到金融资本异化实体这样的一般演化规律所带来的对人类可持续发展的严重挑战。

二、坚持走中国特色社会主义乡村振兴道路

新阶段需要构建新格局。乡村振兴是中国改变以往发展模式向新经济转型的重要载体。因此,国民经济和社会发展第十四个五年规划指出,要坚持把解决好"三农"问题作为全党工作重中之重,走中国特色社会主义乡村振兴道路。

为什么强调走中国特色社会主义乡村振兴道路?因为工业化发展阶段,产业资本在制度上高度同构,对信息必须具有标准化、

可集成和大规模传输的要求不是传统发展中国家能够应对的，产业资本对不同文化有强势摧毁的"普遍性"，所派生的文化教育模式也主要体现产业资本要求，是机械化复制的单一大规模量产"人力资源资本化"的产业方式。

工业化时代产生的欧洲福利社会主义、苏联式社会主义、东亚社会资本主义虽表述不同，但都强调大生产的"普适性"，其内涵仍是人类在资本主义时期工业化阶段派生的意识形态。这也是"普世价值"被各种派别都当做"政治正确"的历史背景。

中国特色社会主义与西方"普世价值"的最大的区别是把代表我们这种广土巨族的"中华民族伟大复兴"当做奋斗目标。据此，虽然中国产业资本总量和金融资本总量已经是世界第一，[①]但在发展方针上与西方有本质的不同。例如，我们在金融资本快速扩张的同时多次发文要求金融资本服务实体，严禁异化。又如，党中央提出的"生态产业化和产业生态化"要求乡村振兴与生态文明战略直接结合，政府要服务于现阶段的生态文明和乡村振兴等生态经济，而不是单一的提高农业产出和产量。

因此，按照党的二十大精神，乡村振兴首先要摒弃"放之四海而皆准的现代化标准"，不能再按照资本主义国家农业现代化要求制定中国农业现代化标准，而是要按照中国特色社会主义的基本机制和制度特征形成乡村振兴的指标体系。

---

① 参见《央行：中国金融业总资产达300万亿元银行业268万亿》，中国新闻网，2019年9月24日，https://www.chinanews.con.cn/cs/2019/09-24/8964011.shtml。

三、"人与自然和谐共生的现代化"和县域经济、乡村振兴

理解新时代的变化,全面推进乡村振兴,应该从习近平生态文明思想提出的新理念出发,因地制宜地研究习近平总书记提出的生态资源、生态产品的价值化实现形式,将其作为推进乡村振兴的重要路径。最终,是要通过货币化与差异化资本市场实现"生态资本深化",创新出中国在全球产业分工中的新路径,这也是实现质量效益型的新经济的需要。

国家发改委原副主任、国家统计局原局长宁吉喆表示,我们这些年的投资已经形成了1300万亿元的设施性资产。①这个实体经济底盘足够大,但因一些体制机制方面的因素造成利益分割很多资产是沉淀的。

那么,县以下乡村大量沉淀资产如何被生态经济新的定价方式来激活,进而实现习近平总书记提出的"生态振兴"?显然,这主要取决于如何形成诱致性制度变迁,把现代资本市场的交易方式引入到农村资源性资产定价过程中来,结合中央为推进乡村振兴战略所实施的深化产权制度改革来激活2005年以来国家大量投资在农村形成的沉淀资产。

新时代的生态化战略转型,主要以乡村振兴战略为基础。

---

① 宁吉喆在国新办2020年5月24日举行的新闻发布会上表述:市场经济从会计学、统计学的角度是资产负债经济,企业都有资产负债表,国家也有资产负债表。根据中共十八届三中全会要求,国家统计局编制了全国的资产负债表。最新的资产负债表表明,我国的总资产已经超过1300万亿元。这个资产不是凭空而来的,都是多年的投入、多年的发展形成的。

2035年我国将基本实现社会主义现代化，但乡村振兴规划要延续到2050年。其中的"产业兴旺"将不是产业资本阶段一般意义的一产农业外延扩张的产业化，很大程度上是农业供给侧改革与金融供给侧改革这两大供给侧改革相配合推进的新经济——生态经济，因此，新时代中国特色社会主义在乡村振兴上对应着的主要经济基础是生态经济。

生态经济新生产力要素的结构性扩张，需要与县域空间生态资源开发的必要条件有机结合。不可拆分的空间生态资源要素最大的特征是在地化，内嵌于具有区域特色的自然地理环境之中，地理位置、空间特点、人文风貌、历史文化等构成了在地化的基本要素，在较长历史时期内形成的相对稳定的内涵结构性特征的复杂社会制度被视为在地化的内涵。在地化包含着依托生态空间形成的多样性、可能性和包容性，它既是一种在地物质空间的载体，也是基于成员生存权利的多元主体动态的互动过程。因而，生态资源自然边界和社会空间边界高度重合且具有"资源、资产、资本"三资合一特征的最优在地化空间是"县域"，也使县域经济在当前的国内大循环经济中有拉动生态经济增长的极大潜力。

马克思主义政治经济学基本原理表明，生产关系要适应生产力的发展要求，那么生态经济新生产力要素的整合开发就需要回嵌到县域在地化的自然及社会之中，通过县域经济体系来加速生态资源的资本化进程。为此，其关键是要实现县域经济综合一体化发展，那就要以农村集体产权改革和"三变"改革（资源变资产、资金变股金、农民变股东）为微观主体，通过上下之间的投资和配股来对接和培育县域生态资源资产经营平台，做好乡村集体经济的公司化改制和符合在地化内涵的机制性建设。只有综合性改革，才能使县域的地方金融机构深度参与到农业供给侧改革之中，同步实现金融供给侧改革，活化在地生态资源资产，实现整体性开发和生态收益共享，从而构建起生态经济内循环的新经济基础。这也是中央要求各级各部门都要设立第一书记为组长的"乡村振兴领导小组"的内因。

而空间生态资源要素具有典型的非标性、整体性和公共性。而生态资源的这些内在特征带来了定价难题。因为，工业化阶段的产品一般都是被市场定价，但空间生态资源是一个生命共同体，内在的具有公共性，如同习近平总书记所说：人的命脉在田，田的命脉在水，水的命脉在林，林的命脉在土。因此生态产业化的转型必然需要推进生态文明全面深化改革，需要县乡村统筹的综合规划和整体开发，不能用一般的市场交易去定价。

第一，生态资源具有不可分割性，需要整体开发才能体现其内在的空间正义。如果把空间正义这个质的规定性取消，只用一般市场交易来对生态经济做定价，很大可能会造成贫富差距增大，拉大空间生态资源开发中的基尼系数，影响脱贫攻坚成果的巩固。

第二，因为生态资源的整体性和不可分割性，造成一定非标性。所谓分散小农信贷不可得性难题的最大约束条件，就在于乡土社会的资产是非标的，不可做银行信贷的抵押品。在新的生态经济领域，这种非标性导致的制度安排只能通过内部定价解决。

第三，空间生态资源的公共性要求从事开发的微观主体不是一般的个体私营企业，而应该是以新型集体经济组织为经济主体的"社会企业"。

因此，在生态资源价值实现机制上需要有结构性的"高水平"市场设计。我们认为，可以采用"双层PPP（Public—Private Partnership）"模式，国家投资到村集体是公共投入（Public）到半公有制的经济组织，但村集体经济组织作为成员集合对内把收益分配权无偿量化到户，则相对具有私有化性质（Private）。总之，将政府投入和量化到户的集体投入带入农户占有的资源，从股权合作的方式运营村域所有资产，就构成了生态资源开发的PPP结构。

首先是要做好第一个P——"投改股"。近年来国家大量投向农村的基本建设投资形成了很大的资产总量，其所带动的资源性资产价值化总量成倍增加，在"三变"改革中，用各级政府投到村集体的项目资金变成第一道P（Public）。虽然村一级集体经济不是完全的公共，而是准公共，但村集体得到的是资产的使用权、处置权和收益权。

再进一步将"村民变股东"，把政府投到村一级的资产做股量化到村民变成第二道P（Private），得到股权的农户再将本户拥有使用权的资源性资产，按照一比一的对价，变成村集体的资产，村民得到的是价值化资产，而且在收益分配上获得的是倍加的股权。这就意味着设施性资产和资源性资产在村级"三变"改革中实现了两道PPP。

然后，村集体在村域内完成一级市场定价，再到开放的二级市场投入村民股东以外的参与者的资源，包括吸引外部投资主体进来，使外部投入作为流动资金进入到村级集体资产中，从而显化村集体拥有的资源性资产价格。

倘若如此深改，整个县域生态经济就会以乡村集体经济的社会企业性质做出全县经济资产底数，有利于激活多年来投入农村的基础设施资产。进一步以村集体公司为股权单位做股到乡镇和县级平台公司，县乡村三级接受全域生态经济的统筹规划，在县委统一领导下发挥数以百计的村公司的组织创新和制度创新作用，把过去不做国内生产总值（GDP）统计的村内多种经济活动纳入"做账"，培育一批"规模以上企业"，以此推进县域生态经济全面发展。

对于整个宏观经济来说，推进带动这种县域生态经济首先是强化我国经济上客观形成的"金字塔形"稳态结构。如前所述，生态资本深化的条件是因为中国有约1300万亿元的庞大实体资产，相对来说，约300万亿[①]元的金融资产总量并不大，只是实体资产的零头。此外还有约计336万亿[②]元的债务，大多可对应为资产的建设性负债。三类资产加到一起大体上有2000万亿元的规模。如何把这个资产规模用新时代新的经济创新激活，需要把空间资源变成空间绿海，形成新时代生态经济的新领域。

其次要看需求侧的中产阶层绿色消费。从需求侧来讲，空间生态资源价值化开发对应三大类消费群体。其中，以农民为主体的底层社会的消费还是生存性的，高收入者主要是海外消费。而

[①] 中国人民银行行长易纲在2019年9月24日庆祝中华人民共和国成立70周年活动新闻发布会透露：目前，中国共有4500多家银行业金融机构，130多家证券公司，230家保险公司。金融业总资产300万亿元，其中银行业268万亿，规模居全球第一。

[②] 国家统计局公布了2021年的经济数据，据数据显示，截至2021年底，中国债务规模为336万亿元。

中产阶层人口超过4亿,[①]成为消费引领者。世界上中产阶层消费倾向是绿色主义。现在提出需求侧,其实就是中产阶层的消费不再是过去三次消费升级的实物形态——从手表、缝纫机、自行车升级到彩电、冰箱、洗衣机,再升级到房子和汽车,那是产业资本阶段的实体产品的消费。进入到生态经济阶段的中产阶层消费,往往不同于原来产业资本阶段的消费,而是追求那种能够体现"生命价值"的绿色消费倾向,比如家用太阳能、都市有机农业、郊区休闲农场等,很多城市中产阶层希望自主形成对传统能源和化学食品的消费替代。此外,生命消费、休闲康养医养等消费都可以通过城乡融合的有效途径得以实现。因为,生命产业与有机农业本来就是结合在一起的,客户要求消费的产品服务与生态化新经济是吻合的。

据此,生态文明时代的生态经济,不是过去产业资本时代以资本收益为主的发展方式了。生态化的新经济所对应的消费群体,客观上是已经全球最大,却还正在不断增加的中产阶层。对中国的中产阶层的绿色消费来说,农业还没有针对这个需求侧的变化做出产业供给侧的改革。

同期,数字经济也已经成为重要发展趋势,如果把数字经济和生态经济结合,将数字乡村落实到乡村绿色发展之中,很可能会改变已经形成的金融资本利益群体走向西方金融资本虚拟化扩张的发展模式。实际上,金融异化不是简单的市场制度问题,很

[①] 2022年5月12日,国家发展改革委副主任胡祖才在中共中央宣传部举行的"中国这十年"系列主题新闻发布会上介绍:我国城镇新增就业年均超过1300万人,居民人均可支配收入超过3.5万元,比2012年增长近八成,增速快于经济增长。城乡居民收入比显著缩小至2.5∶1。中等收入群体的规模超过4亿多人。

大程度上得把金融资本和一个发展阶段以及这个阶段对于某些特定群体激励形成的群体行为作用相结合。

借助中国特色新型举国体制提出新生产方式，把资本市场的概念和运作机制引入到生态经济的改革思路中，体现以乡村振兴为基础的生态文明新战略，推进人与自然和谐共生的现代化，实现经济社会的长期可持续发展。

目 录

序言　我们为什么要发声？　001

前言　人与自然和谐共生的现代化与乡村振兴新格局　001
  一、贯彻新阶段、新理念、新格局下的高质量发展　004
  二、坚持走中国特色社会主义乡村振兴道路　006
  三、"人与自然和谐共生的现代化"和县域经济、乡村振兴　008

思考1　"三农"是中华民族伟大复兴的"压舱石"　001
  一、百年未有之大变局：中国面临历史上前所未有的重大挑战　003
  二、历史经验：乡村是危机软着陆的基础　007
  三、"三农"依然是中华民族伟大复兴的"压舱石"　011

思考2　生态价值转化是供给侧结构性改革的有效途径　017
  一、生产过剩与中国的供给侧结构性改革　019
  二、作用1：缓解当前过剩资本压力　024
  三、作用2：化解地方高负债与金融相对过剩　027
  四、实现路径：落实"两山"理念，创新"一次分配"与重构社会企业　031
  五、让农村土地与资源使用金融市场工具　035

思考3　生态文明战略要依靠乡村建设才能真正落地　041

　　一、生态文明战略的由来　043

　　二、乡村最具生态多样性　047

　　三、人类命运共同体的希望在中国生态化转型　052

　　四、农业供给侧改革——破解结构性矛盾　053

　　五、社会化生态农业的多重价值　056

思考4　"广土巨族"原住民国家的农业之路　063

　　一、殖民地大农场模式的原罪和双重负外部性　065

　　二、粮食金融化背景下的国家粮食安全　072

　　三、小农户是中国粮食安全的重要保障　075

　　四、中国现阶段的农户经营　080

　　五、农民"去组织化"派生的问题　086

　　六、组织起来发展"三位一体"的综合性农民合作社　092

　　七、农民合作社应顺势转型为社会企业　099

　　八、批判性借鉴日韩农业发展模式　105

思考5　新型城镇化战略是乡村全面振兴的重要支撑　109

　　一、新型城镇化和城市化的差异　112

　　二、城乡人口流动的真问题　115

　　三、新型城镇化的提出与作用　117

　　四、改革才是新型城镇化的真正动力　122

思考6 "新六产"是繁荣农村经济的重要途径　125

一、中国万年农耕文明从来不是单一农业产业形态　128

二、百业兴旺是农村经济的普遍现象　132

三、"新六产"使乡村获得外部产业收益　135

四、县域经济发展亟须金融创新　139

思考7 疫情防控为乡村善治提供了新契机　145

一、大疫止于村野：世界最低成本的防疫体系　147

二、构建三级乡村治理体系　149

思考8 城乡融合关键在于要素自由流动　155

一、新下乡运动：城市中等收入群体与乡村资源开发　158

二、以土地为基础的生态资源开发应注重空间正义　166

三、农村金融需回归本源服务乡村　171

四、乡村人才应符合乡土发展需要　179

思考9 乡村振兴是对万年中华农耕文明的复兴　187

一、全球化与文化依附　190

二、去依附，重构中国文化自信　195

三、推进乡村多元文化复兴　200

四、"乡愁"经济改变农村数量型增长方式　207

思考10　乡村振兴是巩固脱贫成果迈向共同富裕的必由之路　213

　　一、全球化与难解的世界贫困问题　216

　　二、资源性致贫与制度性致贫是贫困问题的本质　221

　　三、新举国体制下的中国脱贫经验　224

　　四、乡村振兴是巩固脱贫攻坚成果迈向共同富裕的必由之路　228

思考11　新型农村集体经济要学会吃租　237

　　一、集体经济是收租经济　239

　　二、通过"三变"改革拓展集体经济租源　241

　　三、以治理有效提升地租　257

　　四、应重视转型中的集体经济　260

附录　国仁永续：我们到底做什么？　262

参考文献　276

专栏案例索引　283

思考 **1**

"三农"是中华民族伟大复兴的"压舱石"

POJU
XIANGCUN
ZHENXING

党的二十大报告提出，从现在起，中国共产党的中心任务就是团结带领全国各族人民全面建成社会主义现代化强国、实现第二个百年奋斗目标，以中国式现代化全面推进中华民族伟大复兴。

同时，以习近平同志为核心的党中央指出，全面建设社会主义现代化国家，是一项伟大而艰巨的事业，前途光明，任重道远。当前，世界百年未有之大变局加速演进，新一轮科技革命和产业变革深入发展，国际力量对比深刻调整，我国发展面临新的战略机遇。为此，我们首先该如何理解"百年未有之大变局"？

一、百年未有之大变局：中国面临历史上前所未有的重大挑战

一方面，新世纪以来一大批新兴市场国家和发展中国家快速发展，世界多极化加速发展，国际潮流大势不可逆转。中国共产党团结带领中国人民顽强奋斗、发奋图强，中华民族迎来了从站起来、富起来到强起来的伟大飞跃，中华民族伟大复兴展现出前所未有的光明前景。只要我们咬定青山不放松，沿着中国特色社会主义道路奋勇前进，我们的国家必将日益繁荣昌盛，必将为人类作出新的更大贡献。

另一方面，习近平总书记指出，当前我国发展也面临前所未有的挑战。以美国为首的西方不愿意其"一家独大"的单极世界向协同共治的多极世界转变；不甘心现代化模式和路径从一元走向多元；不接受曾经遭遇过严重挫折的社会主义在21世纪焕发勃勃生机的重大转变。中国作为新兴大国，必然遭到美西方等守成

大国的遏制。可以预见的是，这种遏制将是长期的、高压的，并不以我们的意志为转移，一旦应对不好就会错失中华民族伟大复兴的历史机遇。

挑战是显而易见的，2021年，新冠肺炎疫情全球大流行使这个大变局加速变化，世界进入动荡变革期。保护主义、单边主义和霸凌行径强化，霸权国家和其内部以"深层政府"为背景的政治势力急于"甩锅""脱钩""退群"，破坏国际合作，挑起意识形态和社会制度对抗。

而中国遭际的这种境遇是从2008年华尔街金融海啸的时候就悄然开始了，到了十年后的2018年变得更加严峻。由此看，对我们所有中国人来说最大的变局和挑战，就是中美关系发生了实质性的改变。树欲静而风不止，不是经济对外依存度极高的中国人要改变现状，而是美国公开宣布中国是他最主要的竞争对手，甚至是排在俄罗斯前面的位列第一的敌手。中国周围的政治环境也不容乐观，配合美国包围政策最活跃的是战后几乎全部沦为殖民地的日本，还有受日本殖民文化浸淫的中国台湾地区蔡英文当局。

与此同步的是，美国继续在国际贸易领域持续向中国发难，美其名曰是应对"不公平"的贸易体系，让中国遵守规则。同时期的乌克兰危机也给全世界带来了巨大的不确定性。

实际上，20世纪80年代以来西方主流资本主义国家进入向金融资本转型的"新自由主义"时代，向全球输出制度和资本，中国恰在此时开始产业资本国际扩张的初级阶段——符合西方消费者偏好的最终产品向国际市场大量输出。虽然，表面上中国实体产业资本与美国虚拟金融资本形成"一实一虚"的互补关系，实则在这样的全球化进程中，中国进行了"双重输出"：一方面我们以牺牲自己的资源、生态环境为代价，向外大量输出廉价商品；另一方面又将所获得的贸易盈余重新投回金融资本国家主导的资本市场上，相当于协助维持其世界货币的霸权地位。因此，美国高官曾经公开表示，这是美中战略合作关系历史上的最好时期。而在华尔街金融海啸之后，美国提出"高调重返亚太"，把60%的军事力量部署到中国周边以加强战略遏制。在西方国家主导的后冷战话语体系中，得到最大收益的霸权国家却宣布他们"被不公平"对待！

实际上，新时代中国面临西方全面打压的危机的根源，主要是我们一直坚持"中国特色社会主义制度"内生的"举国体制"，借此维护国家金融主权，弱化了发达国家持续向发展中国家转嫁代价的能力。西方最大的变化是从生产过剩变为金融过剩及其主导下的产业外移，为此不惜延续冷战意识形态向外转嫁成本。巴尔干冲突、北非颜色革命、阿富汗、伊拉克、利比亚、叙利亚战争，以及俄罗斯与乌克兰军事冲突，百姓死伤无数，难民颠沛流离，背后都是成本转嫁的规律。

纵观世界发展趋势，两极分化持续加深，大部分发展中国家在被多阶剥夺中很难实现产业资本的原始积累，遑论可持续发展。并且已经在承载了过大的外部转移成本的压力下，逐渐丧失自我话语体系与部分国家主权。

同理，在金融资本主导的全球竞争中，中国面对的局势越来越复杂。美国自2008年金融危机以来，最近两届政府都在大规模地制造流动性过剩，向全球转嫁美国金融资本虚拟化扩张泡沫崩溃的代价。

从全球通胀到全球通缩，客观上是那个所谓主导全球化的国家一手造成的，为什么我们要构建以国内大循环为主体、国际国内双循环相互促进的新发展格局，因为进口通胀和进口通缩对我国来说都是承担了美欧日连续出台量化宽松政策的成本转嫁。加之近年来全球贸易战、科技战、金融战连续进攻，即使我们想走老路，人家也不让了。

所以，我们遭遇的全球化挑战不仅仅是新冠肺炎疫情蔓延造成的供应链破坏，实际上疫情之前已经有10年左右时间，我国都一直面临着大起大落变化无常的全球化成本转嫁问题。

21世纪第二个10年，按照人均GDP全球排名，中国只排在70位左右；但从广义货币（M2）总量来说，中国已经成为世界第一金融资本大国，和美国的金融资本形成竞争关系；同时，自奥巴马时代美国就开始强调向制造业回调，无论哪个政党上台，无论特朗普还是拜登，都使这一举措得以延续和愈加强硬，美国加强实体经济与中国出口总量最大的实体产业也形成对抗竞争关系。据此看，双方竞争性大于互补性，早已是不争的事实，这是美国将中国排为头号敌人的根本原因之一。鉴于这一经济基础领域的对抗性矛盾具有长期性，中美之间的战略性冲突从趋势上来看恐怕也将是长期的。

因此，整体来看，无论是否继续韬光养晦示弱于人，中国外部经济、政治、军事等环境在未来一段时间里，较之前将会更加不容乐观！

二、历史经验：乡村是危机软着陆的基础

面临如此复杂多变的国际环境，中国该怎么办？我们没有以邻为壑、危机外嫁，而是提出以"乡土文化"为文明传承载体，并在2017年提出实施乡村振兴战略。

2017年10月，党的十九大报告首次提出：实施乡村振兴战略，坚持农业农村优先发展，按照产业兴旺、生态宜居、乡风文明、治理有效、生活富裕的要求，建立健全城乡融合发展体制机制和政策体系，加快推进农业农村现代化，实现农业全面升级、农村全面进步、农民全面发展。习近平总书记在2021年中央农村工作会上作出"民族要复兴、乡村必振兴"的重要论断，强调"在促进共同富裕上取得实质性进展，完善政策体系、工作体系、制度体系，以更有力的举措，汇聚更大的力量，加快农业农村现代化步伐，促进农业高质高效、乡村宜居宜业、农民富裕富足"。

中央已明确表示，实施乡村振兴战略是党的十九大作出的重大决策部署，是新时代"三农"工作的总抓手。

为什么提出乡村振兴战略？

因为新中国的发展经验证明，乡土社会可以为中国经济"软着陆"提供有力载体。

举个例子，2008年金融海啸爆发之后外需大幅度下降，沿海加工贸易型企业大量倒闭，工人大规模失业。假如我们问西方人"如果你们有2500万人失业会怎么样？"西方人会很直接地说，那

我们这个国家就没了。

我们上一次遭遇输入型危机是怎么软着陆的？中国是怎样对应2008—2009年的全球大危机的？这是中国的宝贵经验，但是几乎没有谁认真把中国应对全球大危机并且成功化解危机的经验告知给世人。

先说解决上一轮起于2008年全球金融危机的中国经验。

中国以前出口退税13%，意味着中国政府拿财政按货物价格的13%补贴给海外消费者。2008年华尔街金融危机爆发，外贸商品出口受阻。彩电、冰箱、洗衣机、汽车很多压在库里。怎么办？中央把13%的出口退税一转，改为鼓励农民买这些商品的优惠政策，只要是农村户口，立刻享受13%的价格折扣，而且告诉农民说，这优惠政策只到2010年的年底！于是，农民一买，把农村百户彩电拥有率推高达到104台！

这样，靠着农民的庞大购买力，化解了出口不畅危机。

然而，这是一个短期的政策，只是把长期补贴外国消费者的折扣率有期限地转让给了中国农民。

接着要问，农民买这些压库的外贸出口品的前提是什么？买彩电得有网络，买洗衣机得有自来水，买冰箱得有稳压电源。时任总理温家宝非常重视农民利益，自担任总理开始，政府一方面免除全部农业税，另一方面增发国债，大力推进农村基本建设。中央政治局于2005年9月会议上正式提出"建设社会主义新农村"，从2006年开始大规模增加对农村的投资。2006年至2009年，国家已经向农村投入数万亿用于基础设施建设。到2015年时，国家已向农村投入了十几万亿。这是前所未有的历史性的大规模投资，既化解了城市的生产过剩，又实现了城乡再平衡。

但是，向农村基础设施建设做投资，是几乎没有回报率可言的，民间资本不愿意干，只有国家来干。例如，国家电网向农村送电，即使有80%线损率也不能向农民多收一分钱，农电只能亏损，由国家电网负担，若演化成坏账，则只能由国有银行兜底。

实际上，往农村通路、水、气、电、宽带，实现农村五通的工程，几乎都是国家投资让国有企业承担的。不是不邀请私人资本，也不是不愿意给私企提供补贴，而是私人企业不愿意干，因为农村基础设施建设的投资回报率太低，回收太慢。

于是，当国家遭遇了严重的输入型危机，规律不可违，不是一个国家能解决的，如2008年至2009年的"进口通胀"。对输入型危机，任何国家在自己内部做的宏观调控基本上没作用。而只要应对危机失败，就会造成国内货币贬值、资产价格下跌，就会被外资进来"收割"。这时候，只能靠"看得见的手"。最典型的，恰是美国。政府一手增加国债，美联储那一手则增发货币，用增发的货币买增发的国债。只要美元仍然是世界贸易主要结算货币和各国主要储备货币，美国越多增发，就越多向世界征收了"铸币税"和"托宾税"。

中国也是两手增发。不同的是，中国把新增加的流动性大部分送到基础设施建设当中去了。只要还有投资空间就能取得有效成果。因此，林毅夫教授在任世界银行高级别副行长之前曾说，中国经济还有20年高速增长潜力，因为我们的内陆空间广大；当了数年世行副行长后又说，中国还有20年高增长。那么，他为什么会这么信心满满呢？就是因为我们自己的内陆空间壮大——中华民族"大一统"理念的历史传统造就了一个"广土巨族"的超大型大陆国家。

在工业化进程中，乡村客观上长期性地发挥着"劳动力蓄水池"的作用，国家得以借助"三农"载体，内部化处置国际外部性风险，因而多次成功实现经济"软着陆"。

当前，国家强调乡村振兴战略的要义之一，也在于我们必须筑牢宏观经济"软着陆"的乡土基础，提高我国经济在国际竞争中的抗风险能力。

习近平总书记不但心系"三农"，而且对"三农"问题认识得非常深刻，他经常说"要坚持用大历史观来看待农业、农村、农民问题"。他在2020年12月28日中央农村工作会议上指出："应对风险挑战，不仅要稳住农业这一块，还要稳住农村这一头。经济一有波动，首当其冲受影响的是农民工。2008年国际金融危机爆发，2000多万农民工返乡。今年受新冠肺炎疫情冲击和国际经济下行影响，一度有近3000万农民工留乡返乡。在这种情况下，社会大局能够保持稳定，没有出什么乱子，关键是农民在老家还有块地、有栋房，回去有地种、有饭吃、有事干，即使不回去心里也踏实。全面建设社会主义现代化国家是一个长期过程，农民在城里没有彻底扎根之前，不要急着断了他们在农村的后路，让农民在城乡间可进可退。这就是中国城镇化道路的特色，也是我们应对风险挑战的回旋余地和特殊优势。"①

习近平总书记的这一论断，实际上是肯定了我们团队一直以

---

① 这是习近平总书记2020年12月28日在中央农村工作会议上的讲话，《求是》杂志于2022年7月全文刊发。

来也强调乡土社会是"劳动力蓄水池",是宏观经济"软着陆"的基础。

三、"三农"依然是中华民族伟大复兴的"压舱石"

党中央一再强调要坚持把解决好"三农"问题作为全党工作重中之重,党的十九大提出推进乡村振兴重大战略,党的二十大提出坚持农业农村优先发展、全面推进乡村振兴,反映了以习近平同志为核心的党中央高瞻远瞩的战略眼光和深谋远虑的历史担当。我们理解,党中央实际上是在强调"三农"是中华民族伟大复兴的主战场,缓解"三农"困境的乡村振兴战略,则是应对全球化挑战的"压舱石"。

当前和今后一个时期,我国仍然处于重要战略机遇期。统筹中华民族伟大复兴战略全局和世界百年未有之大变局,必须在保持战略定力的基础上正确把握规律。中央强调坚持"三农"工作重中之重地位,正是基于对发展现实的深刻洞察、对发展规律的准确把握。可以说,在建设社会主义现代化国家目标的实现过程中,"三农"的基础地位将比以往任何时候都重要,"三农"的保障作用也将比以往任何时候都重大。"三农"的意义和价值将超越具体问题,构成经济社会发展的深层逻辑,支撑着中国这艘巨型航母劈波斩浪地驶向民族复兴伟大征程。

"三农"工作与乡村振兴融为一体,本身就是国家"十四五"规划和2035年远景目标纲要的重要组成部分,而且还是其中最需要补强的部分。从中华民族伟大复兴的战略全局看，民族要复兴，乡村必振兴。我国自古以农立国，创造了源远流长、灿烂辉煌的农耕文明，长期领先世界。纵览历朝历代，农业兴旺、农民安定，则国家统一、社会稳定；农业凋敝、农民不稳，则国家分裂、社会动荡。所以说，没有"三农"的向好发展，就不可能有全局工作的主动和整体目标的实现。

"三农"工作不仅贯穿于"脱贫攻坚与乡村振兴的有效衔接"，也贯穿在发展目标的各个方面，与经济、政治、文化、社会、生态等众多领域紧密交织，横向边界愈加模糊，承载功能愈加复杂。因此，"三农"问题不仅仅是"三农"本身的问题，它决定着我国发展的成色、社会的底色和文明的特色。

在构建以国内大循环为主体、国内国际双循环相互促进的新发展格局中，"三农"是一个基础支撑和关键变量。国内大循环的核心是"内需"，而农村是最广阔的大市场，这个经验产生于20世纪80年代被社会公认的事实。农民手里有钱了，基本保障不愁了，就会释放出巨大的消费潜力，成为拉动经济的强劲动力；国内大循环的本质是"流动"，农村不仅是需求侧，而且还是满足城乡居民消费需求升级的供给侧，特色农产品和蓬勃发展的乡村游、森林康养、研学体验，吸引着城里人到农村去创业创新，如此城乡融合，经济才能真正流动起来，才能成为一个充满市场活力的动态系统。

全面推进乡村振兴是做好新时代"三农"工作的总抓手。

党的十九届五中全会提出要"全面推进乡村振兴"，并对"十四五"时期乃至新发展阶段"三农"工作作出系统部署安排，为我们做好"十四五"乃至更长一段时期"三农"工作指明了方向。我们要从国家推进生态文明战略转型的全局的要求和高度，深刻认识、科学谋划新征程上推进乡村振兴的目标内涵和方法路径，全面推进乡村振兴、实现乡村全面振兴。

以更高水平全面推进乡村振兴。新时代的乡村振兴，是中国式规模巨大的现代化，是着眼"四化同步"要求，体现"人与自然和谐共生"的"共同富裕"，保持农业现代化与新型工业化、信息化、城镇化同步推进的多业态振兴，是立足五大振兴内涵实现产业、人才、文化、生态、组织全面发展的振兴，是把握"五位一体"总体布局，统筹经济、政治、文化、社会、生态和党建作为一个有机整体的振兴。

在更深层面全面发力乡村振兴。发展的步伐越快、水平越高，制约农业农村的很多深层次矛盾会更加棘手，农业农村的短板和短腿也会更为凸显。破解这些难题，深化改革是根本动力，自主创新是最佳手段。在"十四五"乃至今后更长一段时期内，全面推进乡村振兴，必须深入群众发现真问题，从更深层面的制度入手，既要细化落实现行有效的政策措施和改革要求，又要根据新情况、新态势进行调整创新，聚焦农村土地、金融、集体产权、经营体系等重点领域，不断完善乡村振兴的体制机制、法律制度和政策体系，不断激活乡村发展的要素、主体和市场。

以更广视野全面谋划乡村振兴。"三农"问题从来就不只是"三农"领域的事情，全面推动乡村振兴也不能只是"三农"内部的调整。习近平总书记强调，乡村振兴要关注"生态产业化和产业生态化"。这意味着我们在新的城乡融合发展战略带动的"新格局"中，更要有开阔的视野和全面的考量。一是要从国家安全的战略高度抓好粮食生产，提高粮食生产保供能力；二是要从城乡融合发展的角度，既要抓好乡村建设，补齐民生保障的短板，又要推进新农人下乡入村与农民联合创业创新；三是着眼生态化的高质量发展的要求，不断提升农民的组织化程度，创新农业质量效益和竞争力的微观经济主体；四是要从国家治理体系和治理能力现代化的全局，激活乡村文化，带动群众参与，筑好数字化乡村治理的基石。总之，要妥善处理长期目标和短期目标、顶层设计和基层探索、全局工作和乡村振兴等关系，为现代化建设夯实"三农"根基。

加强基础设施建设支撑中国特色的"逆周期"调节。中国"举国体制"的直接表现，就是能够"集中力量办大事"，这也是霸权国家既不能企及，又恨之入骨的中国特色社会主义制度能够有效应对全球化危机的优越性。2022年4月26日，习近平总书记主持召开中央财经委员会第十一次会议，研究全面加强基础设施建设问题，研究党的十九大以来中央财经委员会会议决策部署落实情况。他强调，基础设施是经济社会发展的重要支撑，要统筹发展和安全，优化基础设施布局、结构、功能和发展模式，构建现代化基础设施体系，为全面建设社会主义现代化国家打下坚实基础。此次会议对未来中国如何构建现代化基础设施体系、促进经济增长、夯实国家现代化基础作出了系列新部署，也为乡村基础设施投入提供了新机会。对习近平总书记指示的贯彻落实，客观上势必会强化危机软着陆的乡土基础。

早在大革命时期，毛泽东同志于1936年在延安会见美国作家斯诺时说到,"谁赢得了农民,谁就会赢得了中国,谁解决土地问题,谁就会赢得农民"。党的二十大报告指出,当前,"全面建设社会主义现代化国家,最艰巨最繁重的任务仍然在农村"。所以,"乡村振兴"是中国在参与金融资本全球化竞争时期依靠自己的主权继续推进货币化和资本化的重要领域,更是当下在全球金融危机冲击下仍然维持可持续发展的根基所在,是执政党在严峻的挑战面前所作的重要决策,是历史经验在新时代新形势下的发扬光大。因此,我们必须加强自身建设,练好内功,夯实基础,把乡村振兴作为应对全球化挑战的"压舱石"。

思考 **2**

生态价值转化是供给侧结构性改革的有效途径

POJU
XIANGCUN
ZHENXING

2015年中央经济工作会议以来,供给侧结构性改革成为了当前我国经济发展中出现频率最高的词汇之一。2018年中央经济工作会议提出,我国经济运行的主要矛盾仍然是供给侧结构性的,必须坚持以供给侧结构性改革为主线不动摇。

事实上,中央文件上说的"三去一降一补"就是为应对生产过剩问题而采取的措施。在资本主义国家直接表现为经济危机,在以市场调节与宏观调控相结合为经济格局的社会主义国家表现出来的则是生产过剩本身。乡村空间边界内的"生态产品价值化实现",将在生产过剩危机下为我国经济社会提供一个新的发展思路,助力化解地方债务危机,发挥"三农"的"稳定器"作用。

一、生产过剩与中国的供给侧结构性改革

回顾历史,中国共有两次生产过剩危机下的农业发展。[①]

(一)第一次生产过剩危机与资本下乡造成的农业负外部性

在中国,很少有人讨论生产过剩危机。其实,早在1998年,中国就出现了第一轮生产过剩危机,该危机是1997年亚洲金融危机导致来年外需陡然下降造成的,是外部市场因素引发的生产过剩,属于"输入型"通缩危机。

从1998年开始中国进入四年的"萧条"期,表现为通货紧缩、资产价格下跌、大量企业破产倒闭等,而在企业最困难的时候,

---

① 温铁军等:《八次危机·1949—2009中国的真实经验》,东方出版社2013年版。

有关部门推出以"抓大放小"为主的国企改革,近40万家国企破产或改制,同期加大开放力度也使外资趁虚而入、廉价地抄了很多国企资产的底。总之,全社会都为这一轮生产过剩付出了代价。

针对当年的衰退,中国采取的另一方面政策与"罗斯福新政"类似。因为,中国当年正处在产业资本扩张阶段,遭遇生产过剩的本质是产业资本过剩。所以,从1998年起,城市工商企业要求进入农业领域,政府适时作出的配套政策,就叫"农业产业化"——这意味着资本下乡,规模化地占有农业资源资本化的收益——是被西方教科书认定,却从没有在亚洲原住民社会的小农经济条件下落地的理论。结果是从城市产业资本过剩,直接演变为商品化程度越高的农业产品越是大量过剩。而基层干部却在地方政府指挥下强力调结构、要求农民交出土地给龙头企业向农业产业化进军,结果是农民亏损严重,政府欠债增多,还引发了一些群体性事件。

在1998年以前,农村本是一个"被资本遗忘的角落",但在国内产业资本找不到出路的时候,工商业资本迅速转向农村。其结果与美国工业生产过剩资本流向农业接着就发生农业过剩的道理一样,中国也是在20世纪90年代末出现工业生产过剩,接着进入新世纪第一个十年,农业也出现相对比较全面的过剩。随后就在2017年提出了"农业供给侧改革",并与之同步推出了乡村振兴战略。

那么,是什么原因造成农业过剩呢?工商业资本改造农业,当然包括农业全面化学化、机械化和转基因化。这就带来三个"负外部性"问题:一是农村因大量使用化学产品而导致的水、土、气等资源环境的严重污染;二是重资产投入农业使得成本上涨,农业主产品国内价格超过国际价格"天花板";三是食品质量安全引发社会广泛关注。

例如,2006年国务院发展研究中心已经有报告指出我国农业污染已严重影响水体、土壤和大气的环境质量,且日益明显和超过了工业污染。到2011年,农业源主要污染物如化学需氧量、总氮、总磷分别达到1324.09万吨、270.46万吨、28.47万吨,分别占全国总排放量的43.7%、57.2%和67.3%。[1]

(二) 第二次生产过剩与农业面临的新趋势

2011年,中国开始遭遇第二轮生产过剩危机,而且仍然是"输入型"的。众所周知,2007年美国次贷危机引发了2008年华尔街金融海啸,并演化为2009年全球金融危机和2010年的欧债危机。全球需求随即大幅度下降,导致中国从2011年开始进入第二轮生产过剩。

在这一阶段,中国工业农业生产严重过剩,其中工业生产过剩的代表是每年约7亿吨钢材的生产量。[2]这意味着平均每个中国人每年有将近半吨钢材,这显然远远超出了中国建设需求。无独有偶,在农业生产中也有着同样具有代表性的部门,也就是生猪养殖,中国农业每年生产6亿—7亿头猪,[3]这也是远远超过需求的,导致猪肉价格经常出现比较大的波动。

---

[1] 2011年3月28日环境保护部召开全国农村污染防治工作会议公开的数据。
[2] 根据国家统计局公布数据,2009年我国钢铁生产量约为6.9亿吨。
[3] 根据农业农村部门每年公开的生猪出栏量。

在尚未出现新的导向性的逆周期调节的政府政策的情况下，按照一般的市场经济教科书，这些问题都是市场化不彻底导致的，但事实却不是那样。于是中国的首次"去工业化"就出现了。我们之所以把这个阶段变化叫做中国经济"去工业化"，因为同期发生的是各种资金争相流出实体产业而进入投机领域，从而加快金融资本化，促推房市泡沫化，社会失序和制度成本上升，反过来更对实体经济釜底抽薪。这就是"加工贸易型"的低端生产领域中的内外资都纷纷"逃出"中国、私人资本性质的实体经济大部分不景气的根本原因。

2013年新一届政府履新之时就认识到中国处在"经济下行期"，低增长肯定是个"新常态"。2014年实体经济迅速下滑，到2015年大多数人接受"L"形下滑（也就是陡然下降到谷底）的经济形势的判断。这个时候，城市已经存在工商业资本过剩，央行还不得不对冲外部资金的大量流入而大规模增发本币，客观上是推行了宽松的货币政策，巨大的流动性压力使大小资本都在加速进入金融资本经济虚拟化扩张的演变阶段。由于中央反复强调"金融服务实体"，严查资金流向，因而不能肆意投机做虚拟化扩张的资本无处可去，短短几年时间金融资本也过剩了，这是2019年中央提出"金融供给侧改革"的背景。诚然，我们不会理财的群众维持着世界最高的存款率，[1]大部分银行产生了较多存差，有

---

[1] 2019年11月12日，主题为"预测与战略"的《财经》年会2020在北京召开。博鳌亚洲论坛副理事长、第十二届全国政协副主席、中国人民银行原行长周小川出席并演讲。周小川表示，中国十年前储蓄率达50%，现在是45%，仍是全球最高。

些银行甚至一度发生贷存比低于50%，①致使2012年以来延续着的第二次生产过剩与1998年产业资本过剩相比更为严重。

此后，国家提出针对此次生产过剩首先要实施工业供给侧结构性改革，要求"三去一降一补"，也是顺周期调节的表现。在该政策推行的近几年，工业产能的利用率也有一定幅度下降。

这个时候的资本下乡虽然还是被各级政府大力推进着，但因为大部分资本已经遇到农业过剩的困境，由此和20世纪90年代后期的资本下乡、政府配合推行农业产业化不同，大批前车之鉴使投资者愈发谨慎起来。虽然主流舆论还在强调市场经济，但市场"看不见的手"却已经不大可能优化配置"绝对过剩的要素"。因为西方经济学理论的前提是在要素"相对稀缺"的条件下，市场这只"看不见的手"才可以发挥最佳的要素配置作用，没有这个前提条件，市场可能就会失灵。

我们以前讲"三农"问题时，提出的理论问题就很直白：为什么说"三农"衰败是宏观问题派生的？因为在农业领域中资本要素"绝对稀缺"的前提下，全国齐步走地推行市场机制的结果，就是农业要素被外部市场定价，导致农村生产力三要素长期的绝对的净流出。②对此我们认为：没有任何经济领域在三要素长期净流出的条件下不衰败，中国"三农"至今能够维持得住应该算奇迹。诚然，针对资本要素在"三农"领域的绝对稀缺，国家启动新农村建设战略，大规模增发国债向"三农"投资，2005年以来

---

① 通常情况下，贷存比为50%，即仅有50%的存款转化为贷款，这是商业银行的盈亏平衡点，低于50%，就可能发生亏损。在其他因素不变的情况下，贷存比越高表明银行资产使用效率和盈利能力越强，但风险也较大。

② 温铁军：《"三农"问题与制度变迁》，中国经济出版社2009年版。

10多年已经投入了超过8万亿元人民币,[①]每年都是国家财政的最大项开支。

可见,只有国家坚持自主创新,才能应对经济学理论讨论不足的局面。任何理论,如果前提不对,则后来建立的所有模型和推导出来的结果就都不对。

二、作用1:缓解当前过剩资本压力

对20年来的两次生产过剩引发的复杂矛盾需要辩证看待。因为,"旧的矛盾尚未解决新的矛盾便又发生"。原有的矛盾不可能停下来待解决后再继续前进,只可能被前进之中新的矛盾替代。

在金融资本过剩的压力下,中等收入群体的自有资金相对充裕,总量很大,近年来先后被股市和房市的虚拟资本泡沫吸入,给社会公众沉痛教训,不愿意再进入此类投机性市场,其中很多人已经自觉下乡去寻找投资和创业机会。于是,各种多功能的市民农业、生态农园、民宿集群,如雨后春笋般蓬勃兴起。

市民与农民的结合创业,也带来"互联网+"农村经济的广泛开展。由于互联网经济内生的公平参与和社会分享机制,派生出了社会参与和数字化改善农村基层治理结构的内因。若结合历史可知,正是传统乡土社会维护最低治理成本的乡绅群体,及其本来就有的多样性文化内涵,构成了国家向生态文明转型的基础。

---

① 本文选取国家财政的农林水事务支出作为衡量国家财政对"三农"投入的指标,数据来源为各年度《中国统计年鉴》。

与此同时，中央政府与时俱进提出重大战略调整，即生态文明与民生新政，并同期推出了一系列制度创新。"三农"领域的调整无论是"两型（资源节约、环境友好）"农业目标、新农村建设、美丽乡村、新乡贤治理，还是全面消除贫困、全面推进乡村振兴，都是国家推进生态文明战略和相应制度创新的内在组成部分。

可以看到，在全球金融危机挑战下，中国遭遇第二轮生产过剩，一方面暴露出三大资本都过剩的困局，另一方面农业与农村经济也借此挣脱此前半个世纪仅被作为产业资本阶段的一种经济门类的旧体制约束，而这可能得益于中产阶层"市民下乡"带动的城乡融合。这个趋势若能形成，则因农业本身与自然多样性紧密结合的特征而呈现出内在的生态环境保护和历史文化传承的功能。由此，中国的"三农"发展客观上会成为国家生态文明战略的主要载体。

因此，在目前资本全面过剩的条件下，我们要及时了解世界范围内的农业企业都在做什么改变，它们大都在强调改变过去的市场化发展模式，正在向综合化、社会化和生态化这一新的方向演进。这也许是解决中国农业问题的出路所在，需要我们给予足够的重视。

新世纪之初，随着经济基础领域一系列广泛而深刻的变革，中国正经历着由小资主体社会向中资主导社会的巨大转型。突出表现为城乡二元结构之下的两大社会阶层的崛起——中产阶层（中等收入群体）和新工人群体。2010年亚洲开发银行发布《亚洲和太平洋地区2010年关键指标》，报告显示，中国的中产阶层绝对数量为8.17亿人，该报告将中产阶层划作"底层""中层""高层"

三类，除去属于底层中产阶层的3.03亿人，中国的中产阶层数量还有5.14亿人。①据国家发展改革委副主任胡祖才公布，2022年我国中等收入群体的规模超过4亿多人。②

也就是说占总人口近三成的中国中产阶层，是全球最大规模的中等收入群体，这个绝对量比美国和欧洲的中产阶层人口总数还要多。对于农村发展来说，这个群体是多面性的。从积极角度看，世界上中产阶层与"三农"相关的共性是既重视食品质量安全，又热衷资源环境保护和历史文化传承。而中国的中等收入者更是新时代愿意下乡进村、兴利除弊、注重质量、促进城乡融合的社会群体。

如果官方部门仍然偏重于追求产量目标，压低农产品价格指数以避免发生通胀，生产出的农业产品也是以一般商品为主，则在三大资本都过剩的压力下农业过剩的局面难以改观。

然而，虽然有关政策跟不上国家生态文明战略的深改要求，但并不意味着中产阶层沦为"吃瓜群众"。近年来社会上已经兴起了"市民下乡""农业进城"等民间行动。这种民间自发的城乡之间的双向互动不同于政府助力的资本下乡，因此大致还是良性的。

各类城市主体下得去乡村的客观条件是"搭便车"。

因为这些年国家投资的新农村建设已经在农村基本上完成了"五通"，98%以上的行政村通了路、电、水、气、宽带，个别有条件的村又开展了"四化三清一气"和"四清四改四建"。这意味

---

① 详见亚洲开发银行，《亚洲和太平洋地区2010年关键指标》的报告。
② 2022年5月12日，国家发展改革委副主任胡祖才在中共中央宣传部举行"中国这十年"系列主题新闻发布会上介绍，中等收入群体的规模超过4亿多人。

着乡村具备了发展中小企业的基础设施条件。这时候市民下乡到村里照样能够通过网络进行微信群沟通和分散化的交易，成为生产和消费的一股重要力量。

三、作用2：化解地方高负债与金融相对过剩

中国的债务经济也是一个不可避免的客观的过程。西方先进入债务经济，中国跟进。可见，债务经济是一个21世纪的重要的经济现象，谁都绕不开。

中国因为地方政府负债过高，并且地方政府一定程度上是从银行借贷来用于开支的，相当部分的地方政府，特别是县级地方政府开支的70%~80%是靠上级转移支付，本级财政占比极低。截至2022年8月末，全国地方政府债务余额347838亿元，在全国人大批准的限额之内。[1]但地方政府隐性债务规模目前没有准确的数据。根据国际货币基金组织测算，2019年我国地方政府隐性债务规模达42.17万亿元，几乎是当年显性债务（21.31万亿元）的两倍。[2]总之，隐性债务规模成倍的大于显性债务。

这种情况客观上是很难在短期内改观的，中央政府又已经明确表态，不替地方背债，"谁的孩子谁抱走"，如果真的是这样的话，很可能债务危机会连锁爆发。

我们曾分析过合村并居的深层原因，乃是房地产泡沫"出

---

[1] 数据来源：财政部官网，2022年8月地方政府债券发行和债务余额情况。
[2] 资料来源：俞勇，《地方政府隐性债务的成因分析及应对策略》，金融时报，2022年1月17日。

清",而这背后,很大程度上是大量银行资金投在房地产上,再加上地方政府负债某种程度上也跟房地产的泡沫直接相关;于是,债务泡沫、金融泡沫、地产泡沫这三个难兄难弟捆在一起,构成"三泡"危机。越是发达地区房地产上涨得越猛,那么房地产在各地GDP增长中的比重、占当地投资的比重,乃至于占地方政府债务的比重都会很高,所以一些地方就利用现在农村集体建设用地可以直接入市这一条来解套。发达地区的"地票交易"可以跨区,所以大拆大建、合村并居这套做法,就是为了尽可能拿到农村建设用土地指标。例如,某个沿海发达省把房子拆了变成基本农田搞"占补平衡",多出土地指标可以在省会城市或者主要工业城市变成国家批准之外的农村建设用地指标,其市场价值高达每亩100万元。换位思考一下,如果拆了农民房子一亩地能换100万元,是不是对资金紧张的地方政府很有吸引力?然而合村并居和平坟运动的政策很难推行,也不符合农村现实和传统,并不能有效解决地方政府的债务困窘。

所以说我们现在的出路何在?出路在现在的三大措施:第一条措施就是对外的"一带一路"倡议,第二条措施是国内的亚区域整合——现在几大经济带通过亚区域整合,重新评估要素价格形成资源资本化收益预期,刺激区域经济增长;第三条措施就是乡村振兴战略。

三大措施都有增加投资机会的作用。对外的是"一带一路",对内的是区域整合,再就是城乡之间因有明显的差别使得中央大规模向农村投资,其中很多农村投资形成沉没成本,这些沉没成本却带来乡村振兴战略实施过程中投资人的机会收益。值得注意的是，"三农"基本建设投资陡然向上走的起点，是2005年中央的新农村战略。现在资本都要求下乡，很大程度上是因为农村中存在着获取机会收益的空间，什么叫做机会收益呢？其实一定程度上是因为农村还没有完成资源经济的货币化。

举个例子，我们有大大超过耕地面积的土地资源，如果说我们的耕地面积是21亿亩，那草地面积约40亿亩，还有林地面积34.6亿亩。农用土地现在还不是一个可以在要素市场交易和对银行做抵押借贷的资源，同样，林地面积中除了经济林之外，超过绝对比重的天然林、水保林、生态林等也不是可以在市场交易的资源。因此，一旦把这些处于乡村的资源推进市场化交易，那就会大量吸纳货币，也就是说在这些村域内的资源型生态资产没有被进行资产化改革之前，货币是进不来的，可一旦推进了农地、林地、草地的市场化，很可能就会变成一个吸纳超量货币的领域。需要格外注意的是如何在这个生态资源"货币化"的进程中保证农民权益从实物形态向价值形态合理转化。

此外，过去山区之所以贫困，在于道路没有修通。现在，山区最好的资源是好山、好水、好空气、好风光，这些和城市里的喧嚣、水泥森林是天壤之别。但是在打通道路之前，山区"好山、好水、好空气、好风光"都不是市场要素，一旦把公路水电宽带都修建好，在山里面可以上网，可以和外面人分享你的感受的时候，这些空间生态资源就都可以变成要素，也就可交易了。

先走一步的是体量较大的资本。最近这五六年，各大地产公司几乎都找过我们团队咨询，问的是他们要下乡，怎么下？跟农民怎么打交道？大家手里钱多了，想要下乡，我们的建议是多了解"三农"。总的来说，下乡成了一个基本的趋势。

2020年中央经济工作会议之前，有关部门就宣布中国的中产阶层已经成了世界上最大规模的中等收入群。[①]中等收入群体中的白领们也都纷纷下乡，都想到村里或者哪个山里搞个小院，养生需求越来越强，这将会带动农村中各类资源演化成资产，很大程度上会吸纳过量增发的货币。

可见，21世纪乡村振兴战略是很有潜力的发展领域。

虽然庞大的中等收入群体想从投资城市市场转向投资农村，但问题是农村的情况完全和城市不同，投资人在农村面临重重的困难。

当然，2017年中央一号文件已经提出要发挥全社会力量，鼓励市民下乡。2020年中央加强城乡融合战略，上千万市民在乡村社会里正蓬蓬勃勃地开展着创业创新。不过一般的投资人还没有注意到。所以，资本过剩压力下的中国出路何在呢？在于国家大规模投资形成的沉没成本被激活后带来的机会收益空间里边。我们团队在农村已经做了很多年可持续发展试验，对于市民下乡和农民联合创业这件事情也做了很多调研，认为市民与农民联合才能实现城乡融合。

[①] 参见《超过4亿中国人拥有全球规模最大中等收入群体》,中国新闻网2019年1月21日, https://www.chinanews.con.cn/cs/2019/01-12/8734812.shtml。

四、实现路径：落实"两山"理念，创新"一次分配"与重构社会企业

从党的十九届五中全会为中国"十四五"发展战略规划提出的政策建议中，可以看到一个很大的改变，那就是过去都是大段表述要求加快城市化建设，而在这一次的"十四五"规划建议中只留了一句话——"以人为核心的新型城镇化"，而大量的文字都在强调"三农"、全面推进乡村振兴、生态环境保护等。

党的二十大报告继续坚持"推进以人为核心的新型城镇化，加快农业转移人口市民化"。一方面，强调以城市群、都市圈为依托构建大中小城市协调发展格局；另一方面，要推进以县城为重要载体的城镇化建设；还提出加快转变超大特大城市发展方式，打造宜居、韧性、智慧城市。

这说明在未来一个时期，中国发展的主要方向将是生态化，而不是牺牲环境的"粗放数量型"发展方式。当然，生态文明早在2007年就已经正式提出了，并在2012年进一步作为国家重大战略被确立下来，但这一次变化尤其重要。

需要注意的是，当我们强调生态化的时候，如果从政治经济学角度出发，意味着"绿水青山就是金山银山"带出来的应该是一系列框架性的理论解释，这对于今后的发展是重要的。而实践中关注的，则是为保证从以国内大循环为主体的双循环战略得到贯彻落实，我们应怎样实现生态资源价值化，怎样推进习近平总书记提出的"生态资本深化"。

我们中国的基本自然禀赋是山区面积广大，大家可能知道

"七山二水一分田"或"七山一水二分田",总之我国大面积的国土是山区、高原、荒漠,全国的平原面积只占12%,水土光热匹配、适合工农业发展的只占9.8%——连10%都不到。再加上以"瑷珲—腾冲线"为东西分界,70%以上的资本集中在东部,70%的资源集中在西部,所以,过去中国的不平衡发展导致东部地区污染严重。

根据公益组织公众环境研究中心(IPE)发布的"污染地图",可以看到"瑷珲—腾冲线"以东是重度污染,随之也就带来各种各样严重的疾病。所以,越是加快工业化、城市化,越是走传统资本主义发展模式的现代化,就会发现疫病和各种灾害造成的损失会越严重。

进入后疫情时代,生态化、综合性、可持续得到了全面的强调;而生态化的载体主要是乡村,因此乡村振兴也得到了非常重要的强调。这说明被疫情影响之后,上上下下开始形成共识,就是要把空间生态资源变成新的生产力要素。

习近平总书记提出"绿水青山就是金山银山",为此"宁要绿水青山不要金山银山"!他说,"山水田林湖草沙"是一个生命共同体。他到东北考察时说,"冰天雪地也是金山银山"。因为生态资源有公共性,所以他认为,要综合规划才能系统开发。

这里需要简单解释一下什么是新生产力要素。当讲数字经济的时候,数字就是新生产力要素;当讲太阳能光伏发电的时候,阳光就成了新生产力要素;当讲风能发电的时候,风成了新生产力要素;当我们讲文旅结合的时候,乡村中的美景风光和民俗文化都成了新生产力要素;当我们要发展旅游经济的时候,稻田湿地的青蛙、萤火虫,山谷中的蝴蝶、蜻蜓等自然界的万物,也都成了生态化发展的新生产力要素。

这样看,应该就能理解为什么习近平总书记说"绿水青山就是金山银山""冰天雪地也是金山银山"。这些都是新生产力要素,能创造一定价值,能替代过去那些创造附加值的要素——比如得病是在创造价值,因为你拉动了医疗产业的发展;污染也是在创造价值,因为拉动了排污、治污这些产业的发展。但与其这样创造粗放数量型GDP,还不如少得病、少污染。尽管没有那么高的GDP增长,但人是健康的,社会是包容性的。

由于新生产力要素得到了极大的扩展,就要求传统的生产关系发生革命性变革。

我们提出向生态化转型这样一个新的现代化发展内涵的时候,就意味着要把空间生态资源作为一个整体来开发,就需要开发者作为微观主体,转型为追求可持续、包容性发展的社会企业,而不是只追求利润最大化的私营企业。这就需要一系列的政策创新来适应。

"治国之道,富民为始。"在中国以举国体制完成脱贫攻坚的历史目标之后,习近平总书记在《关于〈中共中央关于制定国民经济和社会发展第十四个五年规划和二〇三五年远景目标的建设〉的说明》中明确指出:"共同富裕是社会主义的本质要求,是人民群众的共同期盼。我们推动经济社会发展,归根结底是要实现全体人民共同富裕。"

我们在2020年好不容易集全国之力才完成了新时代脱贫攻坚目标任务,怎么让它可持续?相比于一般平面资源的开发,空间生态资源的开发更容易造成"空间非正义"——基尼系数拉大。因此，怎么体现空间资源开发的正义性，怎么防止基尼系数拉大，破坏脱贫攻坚的成果，这对我们每个人来说都是值得高度关注的问题。

党的十九大报告指出，中国特色社会主义进入了新时代，我国社会主要矛盾已经转化为人民日益增长的美好生活需要和不平衡不充分的发展之间的矛盾。此后，党中央反复强调坚持新型举国体制和"以人民为中心"的发展思想。近年来，国家通过脱贫攻坚、乡村振兴和发展壮大农村集体经济等一系列重大举措，通过政府承担重资产的投资责任，带动财政、金融和一切优惠政策向"三农"倾斜，改造农村生产条件和偏远地区自然约束，使包括农民在内缺乏资本积累能力的弱势群体有用轻资产开发新生产力要素的条件，逐渐形成自主积累能力。

这些措施客观上重塑了在地化可持续发展的经济基础，是利于社会平衡、公平地渐进转型的社会主义制度安排。

我们推动共同富裕，其中的关键是能否让农民共享经济发展的长期财产性收益分配，改变单纯依赖劳动收入的不利条件。

以我们国家现在的货币量，试图将14亿人口、将来15.4亿人口赖以生存的自然资源分散地纳入简单的市场来做交易定价，几乎是不可能完成的。但另一方面，自然资源只要被我们用本国的主权货币进行"货币化"，国家就还有很大的货币增发空间。

由此看，"三农"深改需要宏观与微观有机结合……

五、让农村土地与资源使用金融市场工具

  金融领域40多年来并未停歇改革开放的脚步，特别是党的十八大以来，我国持续深化金融供给侧结构性改革，稳步扩大金融开放，助推经济高质量发展，但涉及农村的金融服务却显落后。农村金融改革和发展的难点、痛点亟待破解，问题是我们完成自然资源和资产的"货币化"了吗？经济"货币化"之后接下来是要完成"资本化"。国家需要解决"如何能够让农村的资源性资产变成资本市场交易题材"的问题。总之，这两个领域都应该成为主权货币增发的基础。

  形成鲜明对比的是，金融市场上连"负资产"都在交易，而"农村丰富的资源性资产"虽然是不断增值的绿色资产，却不能入场交易！很多人说是因为农村土地没有私有化，实则不然，我们可以看到，现在很多地产公司都上市了，伴随中国金融资产从几千亿元扩张到200万亿元，物业资产货币化扩张到400万亿元，[1]这些就是在土地公有制条件下做到的。城市土地所有权实际上属于地方政府，地产公司只有使用权，这跟农民的土地使用权是一个道理。

  最近比较利好的信息是，自然资源部门认可了"同权同利"——城市地产公司的使用权和农户使用权本来就应该"同权同利"。

---

[1] 中国人民银行行长易纲于2022年10月28日向全国人大常委会作国务院关于金融工作情况的报告。报告指出金融业综合实力大幅提升，金融业总资产超过400万亿元人民币，5家银行、保险机构成为全球系统重要性金融机构，股票市场、债券市场和保险市场规模均居全球第二，外汇储备规模连续17年稳居全球第一。

此前很多人跟我们辩论土地私有化这个话题，我们不主张土地私有化。在一个很多人强调私有化的场合，我们说请每个人回去看看自己家的房本，土地权属关系那一栏写的是什么？既然城市土地的权属关系也不是私人的，那些连土地使用权都没有的房子为什么可以在市场交易？为什么可以在银行抵押贷款？形象地说，房产效果所涉的只是空中的钢筋水泥，而不是房子下面占用的土地。

可以说，城市里边交易的物业资产并不是真实的土地资产。为什么农村房产现在没有交易？是因为现行法律规定农村村民一户只能拥有一处宅基地，造成大量农村物业闲置却不能交易，限制农村耕地只能作为农业用途地，造成土地只能用于负收益的种植业，导致大量土地弃耕撂荒。这是用政策限制不让农民实际拥有农村土地"同权同利"。

所以，解决之道是什么，可行的做法是什么？无外乎就是把股票市场内在的资本化机制搬过来改造成为引入外部过剩金融的制度体系。[1]

我们主张"三变改革"中的资源变资产应该先搞"一级市场"——只在村内对村集体成员做初始定价。对比现在的股票市场，难道在"一级市场"募集都要社会投资人来公开交易的吗？当然不是。二级市场才能允许社会投资人交易。那么，当国家把农村里的所有村民变成村集体的股东的时候，这些村民就是村内集体资产的"一级市场投资人"，村集体作为股份经济社，体现的

---

[1] 杨帅，罗士轩，温铁军：《空间资源再定价与重构新型集体经济》，《中共中央党校（国家行政学院）学报》2020年第3期。

还是"成员权集合"。所谓村民变股东就得这么变，农村集体就变成村级资产管理公司，统一对外吸收社会投资。须知，只有构建村级组织的集合谈判能力，才能形成作为市场经济制度基础的有效契约。

然后才是"二级市场"——由村集体作为资产管理公司统一对外进行本村资产的货币化交易。这个以村为单位招商引资的"二级市场"主要由社会投资人来投资。

在村集体已经可以成熟地对外做资产交易的基础上，接下来才是"三级市场"。我们需要把资源性资产的增值率测算出来，比如造了一片林子，正常的树木年轮在一年内扩张8%，意味着林木资源价值量也达到年增长率8%，这比现在金融市场上的投资品的收益率都高！那为什么农村不能进入资本市场？主要还是现行政策带来的限制。如果是一个村子里有资产管理公司，村里的地面上长了多少树、一年增值多少，计算出一个价值量数字，把林木价值量切成可拆细的交易单位，难道不就是进入资本市场了吗？只要突破了政策限制，这些市场经济的方法就把农村资源搞活了！一些人只承认金融期货等，他们作为金融资本集团认可的资本品是可以交易的，但还有大量农村资产虽然有预期收益却进不了资本市场。

总之，只有搞好农村资源性资产的"一级市场""二级市场""三级市场"，才能承载过剩金融下乡，来替代高负债的财政。

客观上看，县域经济要实现的是贯彻"绿水青山就是金山银山"理念的"两化"——生态产业化和产业生态化，所对应的新生产力要素主要是空间生态资源，及其内生所具有的整体性和公共性。于是，就要求微观主体改革应该是"重构新型集体经济"，通过公司化改制使之成为"社会企业"——这类利于实现包容性、可持续经济发展的微观主体，应以追求收益在地化和财富分配社会化为目标。若然，则既符合空间生态资源开发与"资本深化"结合的质量效益型市场经济要求，又能体现"空间正义"原则，推进"生态产业化"和"产业生态化"，最终以生态资本深化带动生态产品价值化实现。

在乡村振兴需要的微观主体改革上，可以采用"双层PPP（Public-Private Partnership）"模式。[①]第一个P（Public），是先把官方长期投入到乡村基层的各类资产对村集体做"投改股"，成为集体的固定资产；第二个P（Private），是集体以此固定资产对应分配做"股到户"，使农户得到以股值为基础的收益权，但农户需要同步同值地向村集体入股自己名下的资源性资产，据此得到倍加的股值。

总之，通过这样的方式，村民通过分包到户的实物资产价值化得到倍加的股权，据此获取长期的财产性收入，一方面构建了共同富裕的财产基础，另一方面使村集体得到村域设施性资产和资源性资产的处置权及分配权。

需要关注的是要重点发展"三位一体"合作社：由国资乡村振兴公司投资到村集体，发展成员内部资金合作，完成村域一级市场对闲置物业、土地、林木等资源性产品的内部定价之后，再吸引外部投资主体加入合作社，村集体以资源性资产入股，以市

[①] 杨帅，罗士轩，温铁军：《空间资源再定价与重构新型集体经济》，《中共中央党校(国家行政学院)学报》2020年第3期。

场对价来显化村域资源性资产的价格；再以此类内外参股的多元股权的合作社做企业注册。如此，县域空间生态经济既会以乡村集体经济的社会企业性质做出全县资源性资产底数，又有利于激活政府多年投入农村的基础设施资产。

以此为基础再推进组织创新和制度创新，进一步以村合作社为股权单位对上做股到县级平台公司，为县乡村三级接受全域生态经济的统筹规划奠定基础条件。若然，就可以全面推进"把产业留在县域，让农民分享县域产业收益"的在地化共享经济的全面发展。

总之，我们希望大家高度关注生态空间资源开发，并且一定要体现生态资源开发的在地化，把收益留在当地，防止生态空间开发造成基尼系数进一步拉大。

案例 1

山乡巨变的岚溪村

岚溪村位于重庆市城口县岚天乡，地处重庆、四川、陕西、湖北四省市交界的大巴山腹心地带，地理位置偏僻、交通不便、信息闭塞、地块分散、经济结构单一，多数村民不得不举家外出务工。

近年来，岚溪村认识到自我生态资源绝佳，森林面积15.7万亩，森林覆盖率达92.9%以上，负氧离子含量每立方厘米高达2万个，是城里人夏季纳凉避暑的天然氧吧和康养休闲的好去处。

于是，在2017年，岚溪村积极探索"资源变资产、资金变股金、农民变股东"的"三变"发展新路径。通过农村集体产权改革，岚溪村成立股份经济合作社，引进市场主体，盘活村集体资产，将沉睡的生态文旅资源，转化为发展集体经济的资本，实现了"三没"空壳村的蜕变。岚天乡结合乡村旅游和民宿发展，组织实施"三变"+民宿改造工程，构建"经营主体+村集体经济组织+房东"的合股联营机制，逐户签订合作协议，共同确定民房改造设计方案，统一组织改造施工，统一运营民宿。

2017年岚溪村蜕变之前，不少村民最大的心愿就是搬出去，再也不回来。但如今，这片"沉睡"了多年的土地逐渐散发出活力，不少外出多年的村民争先"跑回来"建设家乡，或者说回来同家乡共同发展，分享乡村绝佳生态资源开发的收益。

与此同时，城口全县以城乡一体为基本动力，以生态产业化、产业生态化为基本方向，以农文旅融合发展为基本手段，用实现生态价值撬动乡村振兴。农村的老百姓在实现生态资源价值的过程中，成为"生态文明的拥护者、生态环境的守护者、生态经济的建设者、生态效益的共享者"。

资料来源：根据科研团队长期在重庆市城口县岚溪村调研情况整理。

思考 **3**

生态文明战略要依靠乡村建设才能真正落地

POJU

XIANGCUN

ZHENXING

党的十九大之后，海内外都在讨论关于生态文明与乡村振兴的一些新提法，党的二十大强调"中国式现代化是人与自然和谐共生的现代化""像保护眼睛一样保护自然和生态环境，坚定不移走生产发展、生活富裕、生态良好的文明发展道路，实现中华民族永续发展"。这里主要对两者内涵及其相关性做出阐释。

　　全球气候变化是影响人类社会变迁的重要因素。从比较视野出发，把气候变化导致的农业稳态社会和游牧流动民族之间的长期互动、亚洲大陆气候地理的多样性等因素纳入考量，可以更深刻地理解中国的国家政治形态、文化延续性、乡土中国的低成本自治等的内在逻辑，从而更充分地把握生态文明战略与乡村振兴战略的历史意义。对于当下中国而言，只有通过补短板、再平衡，全面贯彻生态文明、乡村振兴等国家重大战略，加强中央政府逆周期的综合协调能力和基层政府夯实乡土基础来应对危机。

一、生态文明战略的由来

　　近年来的科学研究表明，人类社会的变迁主要受到气候冷暖变化的制约。我国著名科学家，中国近代地理学和气象学奠基人竺可桢在半个世纪之前，中国人普遍相信"人定胜天"的时候，就提出过历史沿革受气候变化直接影响的论断。他提出的朝代周期理论①在当时还未得到充分论证，但近年来因世界上对全球气候变暖的高度关注而被越来越多的人研究，气候变化的周期与人类社会变化的关系。有研究证明，温度与降水变化均对王朝兴衰有显著影响，气候冲击主要通过影响粮食丰歉而作用于国家财政能力，进而影响社会经济发展。②从现有文献的结论看，气候变迁是影响中国历史发展的重要因素。气候变冷和灾害频数，尤其是旱灾频数的增加会导致内乱和外患出现的频率增加并严重影响社会的稳定；而气候变暖则有利于社会的稳定。气候冷期或变冷期也与朝代的衰落和更迭相联系，而王朝的兴盛期则多出现于气候暖期或变暖期。③

人类在漫长的农业文明之中，气候只要变暖，就会导致农耕文明向北扩张；相反，气候只要变冷，就意味着游牧民族全面南下。人类不同生存方式的向南和向北的移动，带来了人类社会的巨大变化。

农耕文明在亚洲是灌溉农业，人们要聚落而居，需要大量劳动力共同劳作，因此多子多福，安土重迁。这本来不是一个负面的概念，而是一种"生态、生活、生产"三位一体的农耕文化存在的方式。而北方的游牧民族在宽阔的草原上一定是移动的，逐水草而居就不能常住。一旦北方变冷，地面被冰雪覆盖的时候，

---

① 著名科学家竺可桢在1972年发表《中国近五千年来气候变迁的初步研究》，以冬季的温度为基准，把中国五千年的历史分为八个时期，分别是四个温暖期，四个寒冷期，分别对应一些王朝的兴衰。
② 孙程九，张勤勤：《气候变迁、政府能力与王朝兴衰——基于中国两千年来历史经验的实证研究》，《经济学（季刊）》2019年第1期。
③ 俞炜华，董新兴，雷鸣：《气候变迁与战争、王朝兴衰更迭——基于中国数据的统计与计量文献述评》，《东岳论丛》2015年第9期。

北方游牧民族就得全面南下，抢掠农耕民族贮藏的粮食——同时还砍人，把地留下来放牧牲口。不过，由草原而来的游牧文化到山边就不走了。中华民族的农耕社会为什么能够长期存在？因为游牧民族南下挤压农耕社会，逐渐向南进入山区，中原大族举家南迁，进山进沟，躲开了战乱。所以南方的大姓，如广东的陈姓源于陈县，福建林姓源于林县，都能在中原找到根。

客观地看，农业稳态社会和游牧流动民族之间是一个长期互动的过程。每当气候暖化，农业社会也会发生对游牧民族的驱逐。比如汉武帝逐匈奴于大漠以北之后，匈奴部族事实上沿着亚欧大陆往西边去，把欧洲北方部落向西南部不断地挤压，进而西欧北方的日耳曼人被挤压进入了意大利半岛，成为病入膏肓的罗马帝国灭亡的"最后一根稻草"。演化出东西两大文明早期互动的起因，在于气候变化造成南北两大文明的互动从而导致世界发生了结构性改变。这些随着气候变迁研究而提出的人类历史演变的新假说，仍然需要大量研究来证明。

为什么说气候冷暖变化与人类社会变迁的研究和生态文明相关？因为，生态文明本身就是由气候变化所形成的人类社会结构变化而引起的生态变迁。中国东部的农业如何由原生农业不断拓展，最后演变成了东北亚和东南亚的次生农业？原因就是生态条件：人类最早是在亚洲大陆的两端形成早期农业的生产方式。

气候变暖带来了各种各样的现象，根源在于人类追求的是收益，甩掉的是代价——这些代价，最终是被资源环境承载了。所以，中国人在这些问题的演进过程中逐渐认识到，我们从追求资本主义的产业资本时代，到进入新世纪开始追求资本主义的金融资本时代，几乎都是亦步亦趋地按照这个发展规律在走，只不过因为我们这个国家是后发国家，并且有长期的、集中的政治体制的传承，因此走的是举国体制，具有集中力量办大事的体制特点。我们在产业资本阶段走得很快，现在成了世界上制造业产量占全球最高比重的国家，世界上四分之一的制造业产量来自中国。但这一点并不值得骄傲——因为1840年以前，中国的制造业产量（即实体产业的产量）占世界三分之一，现在是四分之一，这形成的是一个浅浅的"U形曲线"，并不值得我们当代人骄傲。同时，因为是制造业国家，所以当我们的制造业"产量最大"的时候，就意味着我们是贸易总量最大的国家，进而也成了外汇储备最高的国家——这本身是一个客观的过程。

走到这步的时候我们发现：我们这么多的人口，这么少的资源，国家在发展过程中的资源环境被破坏的程度，几乎也是世界上最严重的。如果以碳排放来看，2005年以前，美国是世界第一碳排放大国，而2005年以后则变成了中国。在这种矛盾面前，我们唯一的选择是：转型。

于是，中国在2003年提出"科学发展观"，2004年提出"和谐社会"，2006至2007年提出"绿色增长方式"，2012年正式提出"生态文明"发展理念。实际上，在我们进入21世纪，因资源严重短缺、人口膨胀、发展产业资本而造成严重污染的时候，就已经开始提出转型。而到2012年则正式把转型理念定义为生态文明发展战略，2022年党的二十大正式提出"中国式现代化是人与自然和谐共生的现代化"，这就是现在所说的"21世纪发展不再沿着过去传统西方中心主义的资本主义文明继续走下去"，因为我们走不下去了，污染太严重、资源环境破坏太严重。比如之前的北京，一年365天里有多少天都是雾霾天？整个华北都是大的雾霾区。在这种情况下，不转型为建设生态文明，是不行的。

所以中国要转型，但这个转型别人也不理解，因为其他国家的资源环境条件比我们好，无论是欧洲诸国或美国，条件都比我们好，日本尽管人口稠密、产业资本发展也很快，但它是海洋国家，是岛国，来点海风就把污染吹掉了，而我们国家不一样。我们国家东部几乎没有东西走向的山脉，所以南方的工业污染和城市污染，随着气候变暖而不断向上顶推，推到北方、西方就形成了混合污染。疾病，尤其是恶性的病症越来越多。

也是在这个时期，习近平生态文明思想基本上已经正式确立。新世纪开始的时候，"两山"理念已在福建和浙江相继提出和实践。在理论上，这意味着新时代生态文明战略下的新经济所内在的生产力要素的拓展。

二、乡村最具生态多样性

中国生态文明战略转型的内因是，中国在产业资本阶段造成的污染太严重，碳排放压力较大。南方发达地区搞一小时经济圈，通过建设大城市群，把产业集群叠加在城市带上，这意味着工业污染和城市污染混合成为重度污染。由于气候的不断暖化，就不断地把南方造成的混合污染裹挟进暖湿气流往北推，每过一个工业带就叠加一层污染，到了津京唐上空成了重度污染。

党和国家历来高度重视生态文明建设,江泽民同志提出不能再"以资为本"要"以人为本",到胡锦涛同志则提出"科学发展观"和生态文明理念,其后以习近平同志为核心的新一届中央领导集体又提出"生态文明是发展战略",然后再提出深化生态文明体制改革的一系列安排,并且从过去强调"既要绿水青山又要金山银山"转变为"绿水青山就是金山银山""宁要绿水青山不要金山银山"。对此,习近平总书记提出:通过"生态产业化、产业生态化",最终实现资本为生态服务,达到"生态资本深化"。从"两山"理论变成生态经济转型实践。可见,中国的发展话语整个改了,不仅超越了美国主导的资本主义的金融资本阶段,而且因美国在全球气候协定中退群,而使中国有了跳脱被矛盾主要方面锁定竞争领域的外在条件。

既然讲生态化,那么生态在哪儿?城市吗?那里都是钢筋水泥。生态化一定是在乡村,因为山水田林湖草沙几乎都是在乡村。

国家生态化转型要求的最重要改变,就是从过去工业化时代的平面资源扩大改为空间资源的立体开发,这完全不同于原来以产业资本为主的工业化时代。当然,也就不同于金融资本时代的虚拟扩张,习近平总书记所说的"望得见山,看得见水,记得住乡愁"要求的是空间资源的立体系统综合开发。只有乡土社会才是一个自然资源循环往复的生命过程,它承载着自然资源的多样性和人类社会多样性之间的有机整合,所以乡村振兴才是中国生态文明发展的载体。

我们不单纯强调产业化农业,是因为在中国目前的条件下,单纯搞一产化的农业不可能有正外部性收益。我们认为,如果将资本做杠杆投到沉没成本最深厚的那块地方，形成六产融合的多元化新业态，就有可能产生和扩张机会收益空间。

大家过去只搞平面资源为载体的农业，所以一方面山里人穷；另一方面，也留下了丰富的、立体化的自然资源没有被开发。现在中央鼓励社会资本进入到空间资源立体开发中去，这就等于把过去投资人只做农业开发的这点平面资源，改变成山水田林湖草等空间资源立体开发。

新时代中国发展不充分和不平衡的基本矛盾在乡村最为突出，表现之一就是乡村的经济货币化程度不充分、要素市场发育不充分、资源性资产定价不充分，农村的资源、土地、出产产品、商业服务等价格远低于城市。如果国家的货币增发从锚定外汇改回到锚定政治主权范围内的生态资源的资本化，就能够以合理的方式把资金导向农村，这既可以发挥配套的金融工具的长处，让资金流入乡村促进生态资源货币化和生态产业化，同时也可使农民获得货币增发的收益，还可抑制总体制度成本上涨甚至使之有所下降。[1]

生态价值转化工作，在习近平总书记主政过的福建率先进行了实践和探索。

---

[1] 杨帅，温铁军：《货币"回锚"：新发展理念下一种货币供给生态化转型方案》，《探索与争鸣》2022年第1期。

案例 2

生态产品价值实现的"南平路径"

近年来,福建省南平市在10个县(市、区)推进全域生态产品价值核算,制定了生态产品价值核算技术指南,识别了生态优势、资源优势,先行先试探索建立了体现山区生态系统特征的生态产品价值核算指标体系,为"生态银行"等绿色金融提供技术支持。这些实践为福建省生态产品"度量、抵押、交易、变现"提供了关键支撑,为全国构建统一的生态产品价值评价体系做出了探索。

率全省之先,实现绿水青山可量化

2016年,福建省政府印发《福建省生态系统价值核算试点方案》,在武夷山等地先行开展核算试点工作。南平市同步启动生态系统价值核算工作,开展全市10个县(市、区)全域生态产品价值核算项目,以9个一级指标、18个二级指标、23个三级指标构建了体现南方丘陵地区生态系统特征的生态产品价值核算指标框架和技术规范,系统评估了南平市生态产品价值,项目于2019年底通过专家组验收。

经测算,南平市2010年和2015年生态产品价值分别为4878.8亿元和5710.5亿元,是同期GDP的6.7倍和4.3倍,2015年生态系统服务价值比2010年提高17.04%。其中,武夷山市生态产品价值位居第一,2010年和2015年分别为1371.9亿元和1547.2亿元,占南平市生态产品价值的28.1%和27.1%。

从生态产品供给服务、调节服务和文化服务三种服务类型看，武夷山市调节服务和文化服务价值最高，延平区和建瓯市供给服务价值最高。项目成果为南平市建立健全生态产品实现机制，实现高质量发展提供了实践依据和价值参考。通过开展生态产品价值核算，南平形成了"一套数+一张图+一个系统"的南平生态产品价值核算平台，促进了绿色农业以及绿色旅游业、绿色文化产业等绿色服务业的发展，提升生态产品内在价值，探索"生态+"模式，建立"生态+"、"品牌+"、"互联网+"机制，提高生态产品产出效率。

绿水青山穿"价衣"，生态资源好"生金"

在南平市生态产品价值核算的基础上，福建省结合其他核算工作试点（福州、厦门等）和全国其他地区的核算经验（深圳、丽水等），委托生态环境部环境规划院开展相关研究，由福建省生态环境厅、福建省发展和改革委员会、福建省自然资源厅联合印发《福建省生态产品总值核算技术指南（试行）》。这份指南结合福建省区域特征，对森林、草地、湿地、农田、城市和海洋生态系统服务价值核算方法做出详细规定，山海统筹，陆海兼备，持续推进"两山"理念在福建形成生动实践。

科学系统谋划，一体全域推进

2021年4月，中办、国办印发《关于建立健全生态产品价值实现机制的意见》，要求建立生态产品价值评价体系，制定生态产品价值核算规范，明确鼓励地方先行开展生态价值核算探索，并推动生态产品价值核算结果应用。南平全域推进"生态产业化、产业生态化"，好山好水好空气，正引来更多的好产业好项目。

资料来源：中国环境网，https://www.cenews.com.cn/news.html? aid=231232，部分有改动。原文于2022年2月26日刊发于中国环境网。

三、人类命运共同体的希望在中国生态化转型

长期以来，一些国家深陷经济发展和环境保护二元对立的困境，今天的世界不能再承受高耗能、高污染的发展模式，粗放数量型经济增长只会把人类引向毁灭的边缘。习近平总书记"两山"理念消解了这一对立，兼顾经济发展和环境保护，走出了生态文明之路，这是高质量的绿色发展之路。"两山"理念为中国的生态文明建设和绿色发展提供了强大的理论支撑。

我们国家经济发展与环境保护的行动走在了许多国家的前面。一些地方，已经开始淡化传统国内生产总值（GDP）考核，引入和实施生态系统生产总值（GEP），绿色正成为当地经济发展的"新活法"。他们把绿水青山"美丽颜值"直接转化为金山银山"经济价值"，也就是我们常说的生态价值转化，大力践行了生态文明战略。

实施生态文明战略，意味着中国共产党执政的中国关心的不仅是全中国人民的福祉，更是整个人类的可持续发展。中国向世界展示了环境保护和经济发展并行不悖，中国特色社会主义制度在这方面比西方资本主义制度做得更好，给全世界人与自然的和

谐发展树立了典范。

党的二十大报告强调，人与自然是生命共同体，无止境地向自然索取甚至破坏自然必然会遭到大自然的报复。要坚定不移走生产发展、生活富裕、生态良好的文明发展道路，实现中华民族永续发展。这更给了我们巨大信心。就像美国中美后现代发展研究院创院院长小约翰·柯布经常表示的那样："为什么我看好中国，认为生态文明希望在中国，就是因为我通过中国的这些变化以及中国政府的决定，知道他们的确在走向生态文明。"

柯布还认为，"生态文明需要以生态农业作为支撑，而中国的希望恰恰在于，中国有成千上万的村庄，而村庄都围绕着农田，这就是希望所在"，"在我看来，中国提出建设生态文明这个伟大的主张，是中国对世界作出的巨大贡献"。

四、农业供给侧改革——破解结构性矛盾

习近平总书记指出，要坚持新发展理念，把推进农业供给侧结构性改革作为农业农村工作的主线，培育农业农村发展新动能，提高农业综合效益和竞争力。2016年底召开的中央农村工作会议明确提出："把推进农业供给侧结构性改革作为农业农村工作的主线。"这是我国农业农村发展思路的一个重大转变，是我们深化农业农村改革、优化农业农村政策的重要指针。

近代100多年以来，我们一直都在追求工业化、城市化，也可以叫作现代化，但这种意义上的现代化概念，是从西方来的。我

们有些地方喜欢去美国、澳大利亚学习西方的大农场大规模机械化经验，但东西方农业农村情况差异很大。对我国而言，"大国小农"是我国的基本国情农情，在有限的土地上不因地制宜，只一味追求西方式的规模化产业化，结果很可能造成严重的污染。此外，盲目追求过去那种"现代化"，也导致了生产过剩，形成农业产业的结构性矛盾，这也是为什么我们必须进行农业供给侧改革的原因。

新形势下，农业的主要矛盾正在由总量不足向结构性矛盾转变，中国农业发展已经站在实现战略跨越的新起点上。

习近平总书记指出，尽管我国粮食生产连年丰收，对粮食安全还是始终要有危机意识。在相当长时期我们把粮食产量作为农业发展的核心目标。在这一战略指引下，我们要以占世界9%的耕地、6%的淡水资源，养育世界近20%的人口。[①]我国实现了粮食产量持续增长，中国从来没有像今天这样把饭碗牢牢端在自己手上，基本解决了"谁来养活中国"这个世界级难题。

但同时，也带来了一些问题，因为工业化发展大大超前于农业现代化。尽管农业现代化是早于1956年就提出了的，但是事实上我国是先实现了工业化，再逐渐以工业的方式去改造农业，而不是按照农业与资源环境的紧密相关性特点去发展生态化农业。以工业产品来改造农业，我们今天所说的农业的化学化、农业的薄膜化、农业的机械化、农业的电气化、农业的转基因化等这些"化"，都是工业化形成之后工业产品一定要覆盖农业的要求所带

[①] 2022年11月2日，外交部副部长谢锋应邀出席"携手央企 对话世界"活动并发表主旨演讲，与外国驻华使节们分享交流学习党的二十大精神的感悟和体会时指出。

来的，因此体现的是产业资本的力量。但是在这个加快工业化过程中出现最严重的问题是什么？就是工业过剩，用过剩工业去改造农业，接着三五年之内就造成了农业结构性过剩。

我们经历了的粮食"三高"困境——多年坚持数量型增长的补贴政策，最终实现了十多年连续高产量，但同时面临高库存、高进口的问题。背后还有财政赤字增加、银行贷款占压、行业亏损恶化、企业竞争无力等一系列影响。用工业大生产方式改革农业，导致粮食也有过剩，需要去库存了，那其他农产品呢？大宗经济作物多有过剩。

须知，中国只占世界人口20%，近年来蔬菜产量占全世界的50%以上，[1]蔬菜运输损耗率比较高；我们还生产了全球60%的养殖水产品[2]和全球44%的猪肉[3]等。客观看，用大量化肥农药激素和重金属等去大规模量产，催出来的是全面过剩。不仅是农业严重过剩，还造成多重后果，例如污染、破坏环境、质量安全问题等。前文已经讲过，农业污染已经是中国最大污染源，所以，要真的爱农村，就得让中国保持绿水青山，改变农业旧生产方式。

如果我们不善于把重大问题放在一起联系着思考，那就很难理解今天各地农业的困局到底产生于什么原因，不是农业人不努力，而是因为我们遭遇了生产过剩。

---

[1] 2021年中国蔬菜产量77548.78万吨，连续多年占世界蔬菜总产量的50%以上。

[2] 农业农村部渔业渔政管理局局长刘新中在2021年第四届全球水产养殖大会上表示：1989年，中国水产品产量跃居世界第一位；2020年，总产量达到6549万吨，其中养殖产品占比达到79.8%。目前，中国养殖水产品占世界水产品养殖总产量的60%以上。

[3] 据统计，2021年我国猪肉产量占全球比例约54.09%，居全球第一；我国猪肉消费量约占世界猪肉消费量的46%，人均猪肉消费量约为世界人均水平的2倍。

总之，农业的二产化，或者叫农业产业化，并不是产业自身对或不对，而是遇到了农业之外的问题。因为大多数人对农业之外的问题并不了解，所以我们往往自己找不到原因，很多人便开始转向农业三产化。于是乎休闲农业、旅游农业、养生农业、景观农业等应运而生了。看最近十年就是农业三产化在中国空前活跃的时期。但是全国范围内，一窝蜂发展乡村旅游、农家乐、体验农业，农业三产化仿佛也出现了过剩。

为什么我们做什么都过剩？

中央其实给出了答案——"要促进农业农村发展由过度依赖资源消耗、主要满足'量'的需求，向追求绿色生态可持续、更加注重满足'质'的需求转变。"就是要大家理解我们不再追求数量了，请大家不要单一追求产量，而是根据社会群体的需要，做出结构性的调整。

五、社会化生态农业的多重价值

按照中央文件的分析，简单的农业产业化模式、追求数量增长的时代已经过去了，现在的绿色生产方式要求建设资源节约与环境友好型社会，通过立体循环农业实现零排放。要从我国国情出发在小农经济和村社制度的基础上实现多功能农业，建设有中国特色的人与自然和谐共生的现代农业。

但有很多人不理解，认为做农业是一个赔钱的买卖，做得越大、赔得越多。那是因为没搞清楚社会群体真正的需要在哪里。

试问，有几个人认真研究了生产的农产品面对什么类型的消费群体？要做市场研究，得知道什么是目标客户群。

新崛起的中国中等收入群体将近4亿人，他们的农产品消费需求到底是什么，还没有得到足够的关注。我们的研究跟不上这个社会的实际变化，已经崛起的总数4个亿的中等收入人群是分散的，很难被整合在一起，农业领域的企业家似乎也不去研究这个庞大的消费群体，中国农业问题实际上离不开这个群体的意见。

我们在农业领域中，到底要怎么做才能符合中央要求的农业供给侧结构性改革呢？必须做的事情其实是"六产融合"的新业态，也就是使农业回嵌社会，变成生态化和社会化农业，形成可持续发展的、满足社会各个群体消费需求的农业新业态。生态化和社会化农业，因为嫁接或回嵌生态、回嵌社会，而使得社会投资、生态投资和农业自身所创造的正外部性有机结合，符合中央提出的农业供给侧结构性改革，所以，这才是我们大家应该努力的方向。

举个例子，小毛驴市民农园创立于2008年，位于北京市海淀区苏家坨镇后沙涧村，占地230亩，是由中国人民大学农业与农村发展学院和海淀区人民政府共建的，借鉴"农业三产化、社会化"的国际经验，发展以"市民参与式合作型现代生态农业"为核心的产学研基地。农园的土地由海淀区苏家坨镇后沙涧村提供，日常经营管理则由中国人民大学乡村建设中心所属的国仁城乡（北京）科技发展中心负责。农园成立以来，积极倡导并实践"发展生态农业、支持健康消费、推动公平贸易、促进城乡互助"的理念，推动食品安全、生态文明与城乡良性互动，促进城乡统筹和可持续发展。

整个农园的自然环境很好，有菜园、花园、果园、稻田、池塘，坚持不用农药化肥，坚持有机耕作。核心经营业务主要有三大块：一是菜地认养，市民从都市食物消费者变身周末食物生产者，通过亲身体验农民的生产生活和劳动的教育，形成市民对"三农"的全新理解与支持；二是生鲜宅配，定期定量将农场生产的健康农产品箱式配送到市民的家庭；三是自然教育的研学，城市的孩子、一些中小学生，不定期到农场体验农耕劳动，开展乡土研学活动。这三大业务是农园主要的经济来源，前后服务了3000多个租地和配送的北京市民家庭。

经过十多年的发展，小毛驴市民农园已经实现了三产融合、多元创收。一产的有机农业，二产的食物加工，三产的生态体验，通过一二三产融合，激活了乡村资源价值，发挥了农业的多功能性，提高了土地的附加值，提升了产业的增值空间，让农民能分享到整个产业链的收益，还推动了农业的可持续化发展，保护了生态环境，传承传播了农耕文明，形成了多方共赢，实现了社会效益、生态效益的最大化。

和我们团队一直保持深度合作的重庆市城口县也在"生态产业化、产业生态化"中找到了脱贫致富之路。

案例 3

重庆城口县生态经济之路
——探寻"中国之治"的"实践密码"

新一轮脱贫攻坚过程中,"九山半水半分田"的城口走实走宽生态经济之路,补齐交通基础设施短板,拓展城乡居民脱贫致富途径,通过"志智双扶"凝聚啃下"贫中之贫""难中之难"硬骨头的共识,终于在2020年2月25日成功摘掉了"贫困帽",由此开启了发展新篇章。

春天,大巴山南麓的城口忙碌起来了。双河乡竹园村辉家坪食用菌种植基地,刚出烘房的干菇开始售卖,大量新菌棒已完成制作。"以前都是直接外销鲜菇,2020年第一批花菇采摘后遇到疫情,我们为菌棒注水延缓花菇生长,在烘房将采摘的花菇做成干菇。"基地负责人杜泽友说。食用菌、中药材、中蜂是双河乡2020年重点发展的三大主导产业。双河乡实行班子成员分片包干帮扶、拓展运输绿色通道等措施,解决疫情防控期间产业发展面临的问题。

海拔从481米到2686米的城口,森林覆盖率超过70%,境内有各类动植物4900多种,是全国生物多样性保持最好的地区之一。县城空气质量优良天数常年超过340天的城口,还是四季如画远近闻名的"天然氧吧"。

"生态是城口最大的优势,也是最大的命脉。"城口县委书记阚吉林说。全县面积的35.2%属于国家级自然保护区，超过54%的地方在生态保护管控红线以内，仅占辖区面积6.8%的耕地中，四分之三是坡度在25度以上的"巴掌田"和"鸡窝地"。截至2014年底，城口还有超过52%的行政村为贫困村，全县贫困发生率为15.6%。

为何手上捧着国家重点生态功能区的牌子，头上却老是戴着国家级贫困县的帽子？城口在新一轮脱贫攻坚过程中践行"两山论"，用好用活用足生态环境优势，走实走宽"产业生态化、生态产业化"的生态脱贫之路。通过"规划到地、要素到地、技术到地、市场到地、基础到地、服务到地"系列举措，构建"山底强文旅、山腰强特色、山顶强药材"的山地立体生态产业格局，变绿水青山为真正的"金山银山"。

山底河谷地带着重发展生态型乡村旅游，已建成11个1800户"大巴山森林人家"集群片区，带动1200余户5000余名贫困人口增收。山腰地带通过市场主体引领、集体经济组织推动、股权化改革带动，着重发展山地鸡、老腊肉、中蜂等特色生态农业，已培育县级农业龙头企业52家、农民合作社420个、产业扶贫基地194个，七大农业扶贫产业覆盖了90%以上的农户，年产值超过12亿元。山顶地带着重发展中药材产业，已推广种植中药材26万亩，年产量已达9万吨，"大巴山生态药谷"初步建成。

到2020年城口新建了15个优势资源药材规范化种植基地，将中药材产业培育成40%的贫困村、50%的产业薄弱村的主导产业，至少带动1.2万户群众通过中药材产业实现增收。

当地还建成了一批具有新风貌、新气象、新环境的"新农家小院"，让"巴山原乡·生态城口"文旅品牌深入人心。25万人的城口，2019年累计接待游客超过405万人次，旅游综合收入超过 8 亿元。森林覆盖率 91.8% 的东安镇兴田村，生态好、气候好、空气好、风光好，可过去贫困发生率高达 31%。在"新农家小院"建设过程中，东安镇引导兴田村村民开展生态旅游，全村共建成"大巴山森林人家"125 户，年接待游客超过 10 万人次，2019 年人均纯收入接近 2 万元。

资料来源：根据张国圣 2020 年 4 月 15 日在《光明日报》(05 版）发表的文章与团队调研成果整理。

思考 **4**

"广土巨族"原住民国家的农业之路

改革开放以来，我们热衷于学习西方的技术、制度、文化，甚至有人认为西方的就等同是先进的。甚至一些学者终日鼓吹西方模式优越性，张口"资本化"，闭口"产业化"，想要全盘接收。但至少学习之前，要把我们与西方的差别搞清楚。党的二十大提出"中国式现代化"的五大特征，习近平总书记指出："世界上既不存在定于一尊的现代化模式，也不存在放之四海而皆准的现代化标准。"我们也绝不能再照搬殖民地大农场模式搞农业。

一、殖民地大农场模式的原罪和双重负外部性

我们从地理大发现说起。1492年，哥伦布登陆美洲，随后引发了西班牙、葡萄牙、法国、英国等欧洲国家对美洲地区的土地掠夺和杀戮殖民；1497年，达·伽马也开拓了从欧洲到达印度的海上航线，建立了与印度次大陆的正式贸易关系；17世纪初，英国和荷兰在亚洲分割了各自的利益范围。

哥伦布和达·伽马的成功探索，为跨越欧洲、亚洲、非洲和美洲的贸易系统开辟了航线。哥伦布的航海带来了第一次欧洲与美洲的持续的接触，并且开辟了后来延续几个世纪的欧洲探险和掠夺殖民海外领地的所谓"大时代"。事实上，这是以国家为单位的"反人类犯罪"为实质的殖民主义的开始，书写的是资本原始积累时期欧洲列强侵略、征服和奴役亚、非、美洲各国人民的历史。相反，对于美洲原住民而言，意味着外来殖民者对他们的野

蛮和残酷掠杀掠夺的开始。①

欧洲人的贸易网络扩张从来就不是和平的，而是依靠暴力进行，这种武力受到了一些国家的支持和特许。比如，总揽殖民事宜的葡萄牙"印度院"、西班牙"印度事务委员会"都是直接隶属两国王室，②并都支持对外暴力掠夺。另外，据美国学者的推算，当哥伦布1492年"发现"美洲新大陆时，在现在美国境内居住的印第安人总人口近1000万人。③到19世纪末，在被迫分散居住在美国全国各穷乡僻壤的"保留地"里的印第安人总人口还剩下了不到25万人。④据美国印第安国家博物馆介绍，从15世纪末到20世纪初，生活在北美地区的印第安人从500万人骤减到25万人。欧洲人从探索者贸易者、逐渐变成了血腥的统治者。所以，美国大农场的土地背后，是几乎被灭绝的印第安人的血泪史。

证据是充足的，据统计，自1776年美国宣布独立后，美国政府先后发动了超过1500次袭击，攻打印第安部落，屠杀印第安人，占领他们的土地，罪行罄竹难书。1814年，美国颁布法令，规定每上缴一个印第安人的头皮，美国政府将奖励50至100美元。⑤弗雷德里克·特纳在1893年发表的《边疆在美国历史上的重要性》

---

① 艾周昌,程纯编:《早期殖民主义侵略史》,人民出版社1982年版,第1—15页。
② 艾周昌,程纯编:《早期殖民主义侵略史》,人民出版社1982年版,第2—3页。
③ 南开大学历史学院教授付成双在《白人到来前北美印第安社会与文化的变迁》中指出:学者们可能永远也无法得到1492年印第安人口数量的确切数据。不同的学者,处于不同的立场,依据不同的标准,都会得出一个大致的人口估算数据。其实,无论是按照最高的多宾斯的1800万人,还是尤布雷克修正后的189万人的较低数据,美洲印第安人在白人到来后的四百年里都经历了一场人口劫难。
④ Russell Thornton, American Indian Holocaust and Survival: A Population History since 1492, Norman: University of Oklahoma Press, 1987, p. 42.
⑤ 参见中国外交部官网:《美国对印第安人实施种族灭绝的历史事实和现实证据》。

中承认："每条边疆都是通过一系列对印第安人的战争而获得的。"

加州淘金潮亦带来加州大屠杀。首任加州州长彼得·伯内特提出要对美国原住民发动灭绝之战，州内灭绝印第安人的呼声高涨。在19世纪五六十年代的加州，一个印第安人的头颅或头皮能换5美元，而当时的日均工资是25美分。目前，印第安和阿拉斯加原住民的人口数量仅占美国总人口的1.3%。[①]

这就是美国的真实历史，和我们印象中包装的美国差别较大。

一些人今天研究美国，说中国为什么不能像美国那样，对不起，美国的原住民人口只剩2%。我们如果像美国那样我们会怎么样？谈这件事情的时候先试想一下原住民减少剩下不到2%，再说能不能照搬美国。

同理，我们总是想和巴西农业比较，如果看看国情会发现，巴西也是一个殖民化的大陆国家，中国是一个原住民大陆国家。这两者最大的不同是什么？就是原住民的多少。我们几乎是百分之百的原住民，巴西原住民很少，白种人占53.74%，黑白混血种人占38.45%，黑种人占6.21%，黄种人和印第安人等占1.6%。[②]

从这个角度来说，亚洲包括中国在内是没有被殖民化过的原住民大陆。这就不难发现，有大农场的北美、南美都是殖民化大陆，澳洲也是殖民化大陆。

这个世界上由此至少可以有一个三分天下的格局。殖民地宗主国是欧洲；殖民化大陆在南北美洲、澳洲和半个非洲；原住民大陆在亚洲。由此产生了三种农业类型：一是殖民地农业，二是

[①] 参见中国外交部官网：《美国对印第安人实施种族灭绝的历史事实和现实证据》。
[②] 参见中国外交部官网：《巴西国家概况》。

宗主国农业，三是原住民农业。[1]

三者的经验是否可以互相照搬？有人主张可以，我们说实行殖民地农业前提是先把亚洲原住民人口大规模减少或者外移，这才有实现的可能。

毫无疑问，殖民地大农场模式农业是外来殖民的产物。当我们讨论农业问题的时候，有人说只要推进农地的私有化，通过自由市场交易形成规模农场，就可以参与国际竞争。可是殖民地规模农业都是血腥的掠夺！这些大农场都被外来殖民者占领资源才形成的。

如果在亚洲可以找得到大农场，那就是被彻底殖民化的菲律宾。它被西班牙、美国殖民了差不多400年，基本失去了自己的文化传承。我们2017年去调查菲律宾农业农村情况，[2]发现这个国家基本没有自己的工农业体系，大量土地被外来者和上层社会占有，很多农民是农场的长、短工，领取微薄的酬劳，甚至人身依附于农场主。

欧洲农业资源禀赋优于亚洲，其根本原因也是产生于殖民化。随着殖民化的扩张，欧洲人口外流，形成人少地多的客观条件，演变成了我们今天所说的绿色农业、市民农业、休闲养生旅游景观等复合型农业模式。

中国是一个文明历史没有中断的国家，因此与殖民地或宗主

---

[1] 温铁军,唐正花,刘亚慧:《从农业1.0到农业4.0·生态转型与农业可持续》,人民东方出版传媒有限公司2021年版。

[2] 2017年11月,团队成员陈高威、罗士轩、杨璐璐、刘岚受菲律宾国际乡村建设学院邀请,到菲律宾进行为期一周的调查研究,其间分别到首都马尼拉周边3个农场进行了实地考察。

国农业模式是有区别的！但是，我们一些学者或者官员到美国考察，看美国大农场都十分惊叹，认为这才是农业现代化的发展方向。他们一是没有搞清楚国情，二是没有搞清楚大农场背后的深层次问题。

美国人蕾切尔·卡逊出版的《寂静的春天》是集中反思第二次工业革命后期西方国家环境污染的作品，出版后在全社会引起巨大反思潮。这部作品集中讲述了上世纪中叶美国化学技术的发展以及不恰当的使用，给人类社会带来了巨大灾难。春天到了，一个村庄的鸟儿没有回来，村庄变得死寂。由此开始发问，集中论述了那个时期人类激进化地使用农药等化工产品，对人类健康、生物多样性、土壤、河流、空气、植被等造成巨大危害，最后警示人类如果继续这样走下去，必然会走到雪崩之境！[①]

人类应该选择第二条路，尊重自然，用不破坏自然的方式进行生产生活，才能保证人类不自食恶果。从这个角度来看，人类应反思该如何与大自然和谐相处，而不是处处要伤害征服大自然。

以中国为例，据中国之声《新闻和报纸摘要》报道，2015年我国农业源污染排放已占污染总排放量的一半。也就是说农业造成的污染远大于工业、远大于城市。《第二次全国污染源普查公报》显示，2017年全国水污染物总氮排放量304.14万吨，总磷排放量31.54万吨，其中，农业源水污染物总氮排放量141.49万吨，总磷排放量21.20万吨，分别占全国总量的46.52%和67.22%。农

---

① ［美］蕾切尔·卡逊：《寂静的春天》，人民出版社1962年版。

业源成为水污染物总氮和总磷的主要贡献源。①这种发展模式,让中国受污染耕地达1.5亿亩,污水灌溉耕地3250万亩,固体废弃物堆存占地和毁田200万亩。②

另据中科院生态所研究,中国受镉、砷、铬、铅等重金属污染的耕地面积近2000万公顷,约占耕地总面积的1/6,全国每年因重金属污染而减产粮食1000多万吨。③

污染恶化的同期,很少见到国内外的研讨会把这两者做一个结合分析,殊不知其实在三四十年之前,中国的农业部门还是一个创造"正外部性"的行业,也就是说农业因和自然性状直接结合,是有利于资源环境的保护及人类健康的。因此这叫正外部性,尽管农业自身收益很低,但是它却有利于资源环境的保护。此前我们说农业的第二重正外部性是它创造食品安全。20世纪90年代中后期,在那个农业产业化刚刚开始的时候几乎听不到有今天这样的食品不安全事件或者说叫食品质量事件。

过去尽管农业可能存在不够现代化的问题,但它和资源环境之间的结合是正向的,也就是说它不创造负外部性。现在我们把它叫做创造双重负外部性,一重是造成了严重的资源环境的破坏,特别是污染,江河湖海水资源的污染,土壤的重金属污染以及大气的污染,应该说面源污染贡献最大的是农业;第二重是带来了严重的食品安全问题。食品安全问题虽然越来越多,但再多也只

---

① 王萌,杨生光,耿润哲:《农业面源污染防治的监测问题分析》,《中国环境监测》2022年第2期,第61—66页。
② 原农业部种植业司长叶贞琴引环境保护部数据,见新华社《半月谈》2011年第15期《土地瘠薄化,再敲粮食安全警钟》。
③ 《土地瘠薄化四大症结》,新华社《半月谈》2011年第15期。

是满地碎玻璃中的一片，折射出的只不过是我们这个社会因"碎片化"而难以靠每个分散个体在教训中的自发反思，形成改造自我、推动社会进步的"自觉性"。

是的，我们这些分散个体都被赋予了一个现代商业社会的共同身份——消费者，甚至被商家控制的舆论说成"上帝"。在西方意识形态造成的舆论影响下，我们遇到任何问题时都习惯性地批评社会制度。

实际上，只要跟着现代化消费主义大潮用工业化改造传统农业，就无可避免地会连带造成食品质量安全问题。

客观地看，当今世界不断出现的食品安全问题，主要产生于被主流意识形态掌控而难以使人提高自觉性的三个现代化大趋势：

一是与我们笃信的工业改造农业、加快推进农业产业化有关——追求利润最大化的食品生产为了"物美价廉"而大量使用工业品。

二是与人类自我拔高为高级的物种所追求的科技改造大自然有关——这些投放于食物中的工业品，本来就是用我们纳税的钱来资助的各种"科学技术成果"，其投放于食物生产的安全性及合法性，也都经过专家们进行了无害评估且得到法律保护。

三是与市场经济改造传统社会、加快融入全球化有关——这种市场化趋势虽然已经引起我们质疑，但大多数人仍然不明就里。

需要站在客观立场来说明的是，这三个趋势仍然都有促进人类增加物质财富的作用。诚然，这些已经被社会主流利益集团大量推介过了，现在只不过对不被推介的情况做个非主流的归纳。

例如，一度导致河北某企业经理人被捕的"三聚氰胺奶粉事件"，①其本源却是那些从来不投资草原建设的不法私企得到了可以使用廉价进口奶粉冲兑出的液体以"液态奶"名义进入市场的权利。这个少数商人与腐败分子获利却戕害多少孩子一生的事件，不仅打垮了内地奶业，造成奶农破产、企业亏损，多年投入构建的草原建设与奶业基地及产业链被破坏，而且造成内地人涌入香港地区抢购奶粉和其他社会冲突事件……

回顾这些似乎已经淡出了人们记忆的案例，只是为告诉大家农业从原来创造双重正外部性，现在变成了创造双重负外部性。

二、粮食金融化背景下的国家粮食安全

在美国看来，粮食是其重要的金融武器。

党的十八大以来，习近平总书记先后多次批示指示粮食问题，强调中国碗要盛中国粮，要把饭碗牢牢端在自己手中。党的二十大报告强调，全方位夯实粮食安全根基，全面落实粮食安全党政同责，牢牢守住18亿亩耕地红线，逐步把永久基本农田全部建成高标准农田，深入实施种业振兴行动，强化农业科技和装备支撑，健全种粮农民收益保障机制和主产区利益补偿机制，确保中国人的饭碗牢牢端在自己手中。

---

① 这个2008年中国奶制品污染事件，是中国的一起食品安全事故。事故起因是很多食用三鹿集团生产的奶粉的婴儿被发现患有肾结石，随后在其奶粉中发现化工原料三聚氰胺。事件迅速恶化，包括伊利、蒙牛、光明、圣元及雅士利在内的多个厂家的奶粉都检出三聚氰胺，对中国奶业造成了巨大伤害，至今很多消费者宁愿花高价也要给孩子买进口奶粉。

我们相信，中央有关部门可能已敏锐地观察到国际粮食大宗产品的价格波动与供求数量并不直接相关，而与西方国家通过大宗粮食产品做金融化文章是密切相关的。

那么，是什么原因造成了粮食价格的大幅波动？直接发生影响的反而不是供求关系，因为粮食供需量总体较为稳定。我们的研究指出，背后是金融资本的影响。

西方金融资本从20世纪80年代开始异化于实体经济，追求超过社会平均收益率的高收益造成资本市场扩张和大规模吸纳流动性。金融市场稳定、粮食安全与政治安全三者紧密相关。冷战结束以来，金融繁荣与稳定指数和粮食价格指数相关性高达0.65。[1]跨国公司推动粮食的金融化，利于通过多空投机消纳过剩金融流动性。2000年以来，金融和"生物质能源"属性已经成为影响粮食价格的主要方面，金融因素、能源因素对影响国际粮价波动的解释程度高达98.08%。[2]

我们最近提出了从农业1.0向4.0的演进，也出版了相关书籍，在书中我们团队详细描述了因殖民化产生的"盎格鲁——萨克逊模式"，即将农业作为第一产业，规模化获取剩余价值，为工业化提供原始积累。[3]由此，就引申出另一个路径：立足于殖民化大农场，就有了跨国公司追求全产业链及在资本市场市值的农业金融

---

[1] 国际粮食政策研究所所长布劳恩在接受CBN记者采访时表示：冷战结束以来，金融繁荣与稳定指数和粮价指数相关性高达0.65，说明二者关联度很大。

[2] 高帆，龚芳：《国际粮食价格的波动趋势及内在机理：1961—2010年》，《经济科学》2011第5期，第5—17页。

[3] 温铁军，唐正花，刘亚慧：《从农业1.0到农业4.0：生态转型与农业可持续》，人民东方出版传媒有限公司，2021年版。

化的方向。很多农业研究机构和企业都关注的 ABCD 四大跨国农业公司，[①]它们的优势就在于立足于控制住各国一产化的大农业的物流和国际市场，直接进入粮食金融化，即一产化农业派生出的金融化。ABCD 四大公司的收益并不来源于大规模农业生产，而是来源于在资本市场上做多空交易产生的资本收益。

我们对世界粮食金融化问题的研究显示，伴随着产业资本向金融资本的转化，以美元计价的大宗商品，包括粮食贸易也逐渐金融化，粮食市场价格波动越来越受到金融市场的影响。[②]全球粮食金融化也给中国粮食安全带来了挑战。大公司们仅用气候题材影响资本市场上粮食价格的波动，就需要200多亿美元的投入，而且美国政府还另外投入200多亿美元用于气候研究。气候研究是科学，但发布的时间和相关分析的倾向却是影响预期的题材，也是金融化的美国农业公司获取收益的主要来源。从20世纪80年代新自由主义问世以来，美国农业企业就不再以农业为主了，而是以金融收益为主。

当前，全球粮食金融化现象日盛，这也给中国粮食安全带来了新挑战。

在国际上，粮食价格脱离供求基本面，定价权旁落于金融国家之跨国公司操作信息与期货。在国内，粮食生产者、消费者和地方政府都很难承担安全责任，在粮价高企导致低收入阶层生存条件恶化的同时，市民作为消费主体缺乏社会组织创新条件，粮

---

① 即美国 ADM、美国邦吉 Bunge、美国嘉吉 Cargill、法国路易达孚 Louis Dreyfus 这四家农业公司的简称。

② 温铁军，计晗，高俊：《粮食金融化与粮食安全》，《理论探讨》2014年第5期，第82—87页。

食文化被"消费主义"全面掌控,节约传统被抛弃,致使食物浪费恶性循环地刺激政府补贴化肥农药和机械等投入,不仅加剧资源环境破坏,而且造成把中国粮食安全更多依赖外部市场的政策诉求和心理预期。

我们这个人口大国该怎么做?如何才能确保粮食安全?

守住守好粮食安全是2022年中央"一号文件"的核心内容之一,最重要的举措是党的二十大提出的"全面落实粮食安全党政同责"。党的十九大以来,我们一直强调党委一把手负责,要求党的各级组织承担起国家粮食生产的具体任务,粮食安全这种"国之大者"绝不再只是农业生产部门的责任。此外就是要尊重基本国情,走好世界最大大陆型原住民国家的特色农业发展之路,要因地制宜,而不能东施效颦、邯郸学步。

三、小农户是中国粮食安全的重要保障

中国是世界上最大的大陆型原住民国家,这个国情是中国一切发展的基础,特别是在人与自然紧密结合才能有中国式现代化"人与自然和谐共生"的农业领域。

殖民化国家和我们国情差异较大,以最典型的美国为例,"土著"印第安人其人口比重低于2%,仅有几十万人口主要聚居在亚利桑那州原住民保留地,主流人口中大约60%是近代欧洲殖民者的后裔,余者则是不同民族殖民者的混血后裔。

反观中国,在960万平方公里的阔土上,繁衍生息的人民,其

多民族构成居民几乎百分之百都是原住民族，这个特点无关乎汉族与其他55个少数民族之分，而在于欧亚美洲各大陆之间在历史渊源上的根本差异。

按照这个概念来看，亚洲的大部分国家都是原住民国家，亚洲几乎就是由各个原住民群体组成的国家所占据的原住民大陆。

我们认为，美洲、澳洲，以及非洲所谓被现代化的部分地区，即是殖民化大陆。在殖民化大陆上的殖民化国家所获得的成功经验，并不能搬移到原住民国家身上。

前面已经讲到，中国式现代化是规模巨大的、共同富裕的现代化。这是中国特色社会主义的政治方向。现如今的各个殖民化国家所实行的大规模机械化大农场，其形成的根本原因要追溯到殖民化历史。而我们新中国，这样一个举国举全民之力，牺牲数千万人抵抗侵略、清退殖民势力的社会主义强国，绝不会为了推行农场主或地主经济，再夺走人民的土地或是让列强分割再度重现。

不论国情如何，从中国特色社会主义根本制度上来说，会对原住民社会造成极大负面影响的大地主经济，绝无再推行的可能。

（一）中国的地理特点：山川交割，"人多地稀"

除了民族构成和国家性质的问题，接下来要分析的，就是土地这个基础问题。在传统学术研讨和历年的实地试点的双重检验下，我们通过实践得出，除了少数地广人稀的地方之外，中国的确无法在大多数地区推行殖民地模式的大农场经济。

任何一个对中国地理状况有所了解的常人都知道"三级台阶"

差异化分布的中华国土之广袤，横贯温带、亚热带两大气候带，占据过半东亚板块，在这极广阔的国土上，各类复杂多变的地形交错纵横，一地一景、移步异景是此间常态。除了多山地、富丘陵、地貌参差，更不利的因素是，近70%的耕地都处在这样的环境抑或是更恶劣的川藏高海拔地区；气候较为适宜，地势较为理想的耕地，只有30%，分布在华北、东北诸平原间。作为世界公认的最优级最适宜推行大范围机械化农场的一级耕地，在中国的耕地总面积中，仅占41%，而这些一级耕地，更是分布零散，极其不均。

如果说这一点仍然不够明晰的话，那么低于美国近7倍的人均耕地面积，毫无争议地解明了大农场经济在中国行不通的症结所在。不能指望一个拥有约7亿农村人口的国家，推行一个农民总数区区几百万的国家的经验。

（二）中国农业是国家粮食安全最大化，美国农业是追求利润最大化

既是原住民大国又兼具着人口规模大耕地少的国情直接导致中国农业发展与西方完全是两条路，这便是中国的保证产量最大化和美国的利润最大化之分。

简单来说，中国农业发展之本是在人民政府统一把控下为保证国民的口粮和足够的战略储备所作的努力，也就是国家粮食安全是第一位的；而美国的大农场经济，则是美国跨国资本及各地的大小农场主，为赚取资本利润进行的全球市场经营。

许多人对于美国的机械化大农场经济存在着误解，认为全面

机械化、高度自动化的农场经济的单位面积产量、农业生产者收益都应该是远远超过中国的。但实际情况是，美国农业装备系数高所带来的主要是"劳动生产率"高，但"土地产出率"低。农业生产者在产业链收益中的占比不足10%。为了保护市场价格，美国政府还要对"休耕"的农场支付补贴。

中国农业的装备系数和集约化程度都低于美国，但粮食和重要农产品供给稳定，粮食产量连续8年稳定在1.3万亿斤以上。2021年我国人均粮食占有量达到483公斤，高于国际公认的400公斤粮食安全线，做到了谷物基本自给、口粮绝对安全。①

目前，小麦主要生产国按照种植面积的大小依次是印度、俄罗斯和中国，但是2021年我国总产量是1.369亿吨，排名第一。经过几代育种人的努力，我国的小麦产量已从20世纪80年代亩产350公斤提升到现在的亩产800公斤。我国小麦单产要显著高于印度、俄罗斯、美国和澳大利亚。②

2017年12月28日，习近平总书记在中央农村工作会议上也讲道："我们用占世界9%的耕地、6.4%的淡水资源，解决了占世界近20%人口的吃饭问题，被国际社会看作是了不起的成就。"

当然也存在异议，认为中国产粮量大的根本原因，是有着巨量的基础劳动力和大规模投入使用的农业药剂、化学肥料。其实正相反，美国作为农药与化肥最先应用的国家之一，其农场经济对于农药和化肥的应用甚至比中国有过之而无不及。

---

① 2022年6月27日，中共中央宣传部举行新闻发布会，农业农村部副部长邓小刚介绍党的十八大以来我国"三农"发展发生的历史性巨变。
② 侯隽：《打赢最艰难的夏粮丰收战，我们做对了什么》，《中国经济周刊》2022年第14期。

美国亩产低的主要原因，其实是一种粗放式的经营。广受大地主"深爱"的圆形农场耕作模式，靠巨型旋转喷灌系统来灌溉农田，旋转喷灌，自然养成圆形耕地。这种喷灌系统是农业发展中，为了追求高效率、达到高利润的典型之举，利用率低、浪费农田，相比中国方形农田，美国的圆形农场直接导致浪费了两成的土地。

因此，大地主农场经济虽然效率高、价格低，"一农养百人"，但是这种私人化、土地利用效率低、亩产低的资本主义农业经济，显然是不适合在农业上提倡精耕细作、往复循环的大陆型原住民的中国农业。

世界上三种农业模式的形成过程不一样，各自的政策和理念、运作经验也都是不可照搬的。中国农业发展过程中一些政策制定者不了解农业模式发展的文化内涵与历史意蕴，有些人去美国回来就说我们什么时候能像美国那样实现农业现代化。这是对世界农业分类很不了解的说法。党的二十大强调"中国式现代化是走和平发展道路的现代化。我国不可能走一些国家通过战争、殖民、掠夺等方式实现现代化的老路，那种损人利己、充满血腥罪恶的老路给广大发展中国家人民带来深重苦难"。

有人针对中国农业农村现代化提出的政策建议内含着一个逻辑，即只有加速农民进城，才能减少以至消灭农民，才能推进规模化农业……这种不顾国情的声音不绝于耳。殊不知，中国的基本国情农情是人多地少，"人均一亩三分地、户均不过十亩田"。从现阶段来看，以小农户为主的家庭经营仍然是主要形式，也是中国农业发展必须长期面对的现实。大国小农的基本国情农情，决定了我们要发展多种形式的适度规模经营。这是习近平总书记一再强调的内容。[①]

四、中国现阶段的农户经营

我们先来看一组数据：根据第三次农业普查数据，全国小农户数量占到农业经营主体98%以上，小农户从业人员占农业从业人员90%，小农户经营耕地面积占总耕地面积的70%。中国现在的农户有2.3亿户，户均经营规模7.8亩，经营耕地10亩以下的农户有2.1亿户。而在一些西南地区的丘陵山区，不但户均经营规模小，地块也特别零散。比如四川省每户地块在10块以上，平均每块地只有0.4到0.5亩。

从这个数据来看，我们20多年前的关于中国"三农"主要矛盾的判断仍不过时，基本国情的矛盾还是"人地高度紧张"，没有得到根本扭转，所以才大量进口外国的能源、原材料、粮食、饲料等属于"土地密集型"的资源和农产品，而我们现在进口的农产品折抵中国的耕地总量已经占到了30%以上。

2019年时，中国仍有2亿多农户、6亿多人生活在农村，其中2.3亿户是承包农户。基本国情农情是"人均一亩三分地、户均不过十亩田"。虽然目前我国家庭农场达到390万家，农民合作

---

① 2018年9月21日，习近平总书记在十九届中央政治局第八次集体学习时的讲话中指出："'人均一亩三分地、户均不过十亩田'，是我国许多地方农业的真实写照。这样的资源禀赋决定了我们不可能各地都像欧美那样搞大规模农业、大机械作业，多数地区要通过健全农业社会化服务体系，实现小规模农户和现代农业发展有机衔接。"

社超过220万家，农业社会化服务组织达到95万多个，①但从现阶段来看，以小农户为主的家庭经营依然是中国农业经营的主要形式，也是中国农业发展必须长期面对的现实。所以，搞资本深化的现代农业能消灭中国农民吗？不能，我们不是殖民者，更不能让小农户掉队，要防止搞强制的土地流转，防止将土地等生产资料集中到少数人的手中，对广大小农户搞硬挤出，更要防止大量人口变成既没有办法转移就业又无地可种的无业群体。农业经营方式必须是坚持宜大则大，宜小则小，不能搞一刀切，不能搞强迫命令。

（一）乡村是危机软着陆的基础

2018年4月，当印度总理莫迪在武汉向习近平总书记请教中国经验时，总书记告诉他要为城市务工人员在农村留条后路，并强调决不能使中国出现贫民窟！

习近平总书记指出，"应对风险挑战，不仅要稳住农业这一块，还要稳住农村这一头。经济一有波动，首当其冲受影响的是农民工"。"全面建设社会主义现代化国家是一个长期过程，农民在城里没有彻底扎根之前，不要急着断了他们在农村的后路，让农民在城乡间可进可退。这就是中国城镇化道路的特色，也是我们应对风险挑战的回旋余地和特殊优势。"②

为了稳住经济社会大局，习近平总书记还语重心长地强调

---

① 2022年6月27日，中共中央宣传部举行新闻发布会，农业农村部副部长邓小刚介绍党的十八大以来我国"三农"发展发生的历史性巨变时提到上述数据。
② 2020年12月28日，习近平在中央农村工作会议上作《坚持把解决好"三农"问题作为全党工作重中之重 举全党全社会之力推动乡村振兴》的讲话。

"促进小农户和现代农业发展有机衔接"。

和过去很多官员大谈加快城市化和招商引资相比，习近平总书记这些对中国"三农"经验的归纳是非常本质的，点出了大国乡村、大国小农在面对全球化解体的危机时实现软着陆的重要作用。我们在《八次危机》一书中曾提到中国发展产业资本期间的8次经济危机：凡是能够向"三农"转嫁制度成本的，位于城市的产业资本就能"软着陆"；不能转嫁的就会"硬着陆"！"砸"在城里的危机都造成城市失业和治安形势严峻，引发重大的、激进的财税、金融和其他体制变革。

（二）小农户是国家粮食安全的重要保障

国内有一种导向，都向往美国的大农场，但前文已经说过中国的粮食亩均单产是全世界最高的，所以不能说中国小农没有效率。小农户投入在土地上的劳动会比较多，土地产出效率往往比大规模粗放经营的农场要高，这在中国这样一个人多地少的国家，意义尤为重要，而规模化经营往往是以减少单位土地产出为代价的。

如果做一个对比，那么，应该认真研究那些经营不善的跑路的规模化农业投资者的经验教训，他们以追求私人利润最大化为目标，难道能够保障人民群众的粮食安全吗？让十几亿中国人吃饱吃好、吃得安全放心，这一历史性使命将主要由农民来完成。

（三）小农户是实现生态化农业多样性发展的重要载体

我们不可能奢求大农场去进行多样化种植，美国中央大平原，数十亿亩土地被清晰地划为小麦带、玉米带、棉花带等，单一作物的集中生产，从生态学来看是一场灾难，因为作物品种单一很容易诱发病虫害，就被迫大量使用农药，造成食品安全问题。[①]小农户的农业可以多样化，农户会根据市场和自己的喜好进行种植。在强调全球生物多样性的今天，小农户反而是生态的、亲自然环境的，是"人与自然和谐共生"的，这对生态文明和中国式现代化建设具有重要的意义。

我们团队成员创办的"小毛驴市民农园""分享收获农场""绿手指农场"等单位，都是致力于研究、推广社会化生态农业的社会企业，以倡导生产者保护消费者生命、消费者保障生产者生活，推进乡村振兴、城乡融合为使命。这些农场规模都不大，自2003年启动"晏阳初乡村建设学院"的"立体循环农业"试验和2008年启动的"社会参与式"市民农园以来，各个单位都有了多业态融合的可持续发展的基础。

例如，经过多年的发展，"分享收获农场"目前已经在北京市通州区西集镇拥有60亩蔬菜种植基地，在顺义区龙湾屯镇拥有50亩蔬菜种植基地和230亩果树基地。农场拥有非常丰富的生态多样性，经过10年有机管理，农场有各种野生的鸟类、刺猬、萤火虫、松鼠出没，偶尔还有蛇，同时，农场土壤中的有机质含量从刚开始的只有1.5%，到现在已经超过4%，这是最为宝贵的财富，也是社会化生态农场与化学化规模化农场最本质的区别。此外，我们团队还在北京启动了"0碳村""颐养村"，在福建开展了社会参与

[①] 骆世明：《农业生态学的国外发展及其启示》，《中国生态农业学报》2013年第1期，第14—22页。

式的"都市共享农庄"等新型城乡融合的乡村生态化项目。

现代适用技术和新型市场下的传统农耕，并不意味着落后，反而焕发出新的活力。其中，四川省成都市郫都区的稻蒜轮作农耕模式、浙江丽水市青田县的稻鱼共生模式、福建永春的稻鸭草鸡模式、重庆武隆的稻蟹共作模式等，都为我们推动中国式现代化提供了非常确定的经验启示。

案例 4

传统农耕模式焕发新活力

传统的农业耕作方式就意味着落后吗？相信大部分人的回答是肯定的。但在现代农业技术加持下，有些传统的农耕模式不一定意味着落后。通过对四川省成都市郫都区稻蒜轮作模式、浙江省丽水市青田县稻鱼共生系统农耕模式的调查研究，我们发现，发挥传统农业耕作模式优势，既能增加农民收入，也能保障粮食产量，可以实现"双赢"格局。

1. 四川省成都市郫都区德源稻蒜轮作模式

四川省成都市郫都区德源稻蒜轮作模式，一年种植两季，每年5—10月种植一季水稻，10月到第二年4月种植大蒜，已经有近300年的种植历史。特有的"红七星"蒜种，色泽光亮，蒜素含量高，其抗菌、抗病毒、抗虫等能力尤为突出，独蒜率可达

80%，作为种蒜销往云南、贵州，平均亩产近2000斤，经济效益较高。目前主导产业面积1万亩左右，属于都江堰核心灌溉区，当地已成功申报"郫县德源大蒜"地标品牌，辐射周边两个乡镇近2万亩以上耕地，年产蒜薹1万吨、大蒜2万余吨，稻米1万吨。2021年，该区域内农村居民年人均可支配收入达3万元以上。近年来，在种粮比较效益不足的情况下，当地仍然保留传统稻蒜轮作生产模式，以"粮食+"模式提高农业综合收益，引导农户和经营主体积极种粮，实现保障国家粮食安全和增加农民收入"双赢"格局。

2. 浙江省丽水市青田县稻鱼共生系统

浙江青田县稻田养鱼历史悠久，至今已有1200多年的历史。清光绪《青田县志》记载："田鱼，有红、黑、驳数色，土人在稻田及圩池中养之。" 2005年6月该系统成为中国第一个被联合国粮农组织列为首批的世界农业文化遗产。联合国粮农组织官网显示该模式是"种植业和养殖业有机结合的一种生产模式，也是一种资源复合利用系统，大大减少了对化肥农药的依赖，增加了系统的生物多样性，保证了农田的生态平衡，以稻养鱼，以鱼促稻，生态互利，实现了稻鱼双丰收"。正源于此，2022年7月17日至19日，全球重要农业文化遗产大会在这个小县城举办。目前，青田稻田养鱼产业面积已达8万亩，标准化稻田养鱼基地3.5万亩，年综合产值超过5亿元，成为青田东部地区农民主要收入来源。在粮食生产效益较低的今天，青田县粮食产量和农民收入依然得到保障，并走出了品牌化生态化之路。

当前，面对各种风险挑战，我们正在苦苦寻求农民增收与保障中国粮食安全的双赢之路。美国殖民地大农场式农业化不符合我们人多地少的基本国情；欧洲适度规模经营的社会化农业尽管有一定借鉴意义，但我们还需要时间弥补城乡二元制度导致的差异；日韩东亚的农业模式，也需要我们去其糟粕、取其精华。我们注定要走出一条最大大陆型原住民国家特色粮食安全之路。我们曾将农业发展和粮食安全寄希望于大型下乡资本，但农业的经营风险令不少老板"跑路"；我们曾寄希望于农民合作社和家庭农场、种植大户等适度规模经营主体，也取得了一定成绩，但部分骗取补贴后便销声匿迹。不禁要问，我们的粮食安全怎么保障？不难发现，中华民族万年农耕文明在现代技术条件支持下，依然能焕发出新活力，形成了增加农民收入与保障粮食安全的"双赢"局面，有的模式还能实现绿色生态循环可持续。

在联合国粮农组织认定的23个国家和地区的65项全球重要农业文化遗产中，中国以18项位列榜首；我国评定的中国重要农业化遗产有138项，涉及160多个县级行政区域，此外还有很多散落在全国各地、没有被发现的传统农业耕种模式，这给我们当前走出一条中国特色粮食安全之路带来了重要启示。

资料来源：根据团队在浙江省青田县、四川省成都市郫都区调研资料整理。

五、农民"去组织化"派生的问题

2013年3月，在十二届全国人大一次会议的江苏团会议上，习近平总书记在回顾新中国成立60多年来农村先由分到合、再由合到分的过程中指出："当时中央文件提出要建立统分结合的家庭承包责任制，但实践的结果是，'分'的积极性充分体现了，但'统'怎么适应市场经济、规模经济，始终没有得到很好的解决。"

"三农"问题的根本是农民问题。但我们一直强调，"农民问题不是农民的问题"。

长期以来，我们更多重视农业发展和农村建设，对农民"去组织化"以来的自身发展关注不多，积累下来的问题却很多。一是随着农村青壮年劳动力大规模转移就业，农村"谁来种地"的问题日益凸显，远不能适应现代农业发展要求。二是农民的"去组织化"使得"信息不对称"，集合谈判能力不高，长期无法形成平等市场地位，分散农民只能被动地与"二道贩子"做交易，不能直接参与市场竞争，处于价值链的最底端。三是农民的主体意识低，目前分散化的农民只知道权利而不履行义务，不支付违约成本致使"投机"，成为任何外部主体进入乡村都会遇到的一个很麻烦的事情……这些都是长期坚持农民"去组织化"的后果。此外，没有组织化的农民参与的基层社会治理和制度建设的成本太高。

农民问题看似无序，而其最核心的问题就是"去组织化"。

本来，农村是有组织的，就是新中国成立之前的氏族村社制，新民主主义时期的农协与合作社，以及社会主义建设时期的农村集体化。

1952年9月20至30日，中共中央召开全国第一次互助合作会议，会议通过了《关于农业生产互助合作的决议（草案）》。1958年8月，中共中央通过了《中共中央关于在农村建立人民公社问题的决议》，《决议》下达后，全国迅速形成了人民公社化运动的热潮，到1958年10月底，全国农村基本上实现了人民公社化。

但家庭联产承包责任制改革之后大家普遍认为"农村集体化"这一体制是落后的，在肯定分户经营、把个体农民作为"微观主体"的同时，长期维持了"去组织化"的价值取向。其实我们认为应该客观分析这类制度，以便取长补短。

党的十一届五中全会给历史问题定调以后，薄一波写了《若干重大决策与事件的回顾》，其中写道，国家要搞工业化，就得积累，这就得让一部分人作出牺牲，中央反复讨论，决定只好让农民作出牺牲，作出贡献。[1]邓小平当时也参与了中央这个集体决定。所以，应该理解此类制度的性质：第一，农村集体化是为了服务国家工业化建立的；第二，集体化有利于工业化提取积累；第三，即使早期的农业合作化的原因，也主要是有利于城市获得农产品和促进工业品下乡。[2]

因此，改革前农村集体化和农业合作化的微观不经济，乃是国家为了工业原始积累大量提取农业剩余造成的。至于集体化向国家工业化贡献了多少，一直以来都有研究。中国人民大学农业经济系严瑞珍教授在20世纪90年代初期的研究中提出，农村通过集体化向国家贡献的剩余大约在7千亿到8千亿元人民币。[3]近年来，中国人民大学孔祥智教授的研究是60年来"三农"作出的各

---

[1] 薄一波：《若干重大决策与事件的回顾》，中共中央党校出版社1991年版。
[2] 温铁军著：《"三农"问题与制度变迁》，中国经济出版社2009年版。
[3] 严瑞珍，龚道广，周志祥，毕宝德：《中国工农业产品价格剪刀差的现状、发展趋势及对策》，《经济研究》1990年第2期，第64—70页。

种贡献约为13.7万亿元。[①]

此外，农村集体化时期通过党带领农村干部群众经过战天斗地的艰苦奋斗，其间我国农业农村发展也取得了很大进步，农田水利等基础设施全面建设，比如林县人民建成"人造天河"红旗渠，这也意味着国家基本建设成规模提取了农民的劳动剩余。

农村集体化时期也有城市对乡村的"反哺"。例如全国城乡医疗卫生网基本形成，相当一部分农村地区实行合作医疗制度；知识青年上山下乡，在化解城市就业矛盾的同时也给农村基础教育和科技推广带去了新鲜血液。

虽然，此制度下土地收益分配不尽合理，挫伤了农民的生产积极性。但是，这是在国家一穷二白条件下实现工业积累的必要过程，该时期由农业剩余支撑建设形成的完备工业体系，为新中国建成能够保证民族独立的军事力量，建成完备的产业体系，奠定了坚实基础。[②]

接着分析"去组织化"问题。

1978年，安徽省凤阳县梨园公社小岗村18户农民在包干合同书上按下了手印，被那时的媒体认为是揭开了农村经济改革的序幕。1979年9月，十一届四中全会通过了《关于加强农业发展若干问题的决定》，1980年颁布《关于进一步加强和完善农业生产责任制的几个问题》，1982年至1986年5个中央一号文件相继出台。到1981年，全国农村社队普遍推行了各种形式的生产责任制，基

[①] 孔祥智,何安华:《新中国成立60年来农民对国家建设的贡献分析》,《教学与研究》2009年第9期,第5—13页。

[②] 仲农平:《大转折,中国命运百年逆袭》,农民日报,2021年6月21日。

本核算单位中实行联产承包制的占比由1982年的96%上升到1983年的99.5%。①这种责任制形式开始于种植业、养殖业,继而扩展到林业、渔业、商业、服务业。

家庭联产承包责任制取得了重大成就,有统有分的双层经营体制,使集体的优越性和农户的积极性同时得到发挥。

但问题背后的逻辑,恐怕知道的人不多。据有关研究,早在1955年就有浙江温州乐青县的农民推行过分户承包;很多地方在20世纪60年代的政策调整中也有大量的包干到组、包工到户之类的微观调整;海南有的农村地区甚至有长期维持小农经济的村社……

我们化解危机的方式就是用乡土社会的村社经济,承载城市危机甩出来的不能就业的代价。改革开放以前的三次"上山下乡"运动,其实是中国三次遭遇到经济危机的客观结果。一遭遇危机,就搞"上山下乡",知识青年送到农村去,城市危机就化解,就软着陆。②毛主席说得很清楚:"人人都有两只手,不在城里吃闲饭。"③

1980年再爆发危机的时候,我们面临着4000万待业青年的巨大压力。但毛泽东同志去世后无法再有空前的能力动员"上山下乡",而且为了休养生息,还得让知识青年回城。4000万待业青年就演化成巨大的社会不稳定因素,所以就有"两个严打"。因为一方面是城市工业偏重化工而消费品生产能力低下,另一方面是数千万城市待业者不能得到正常就业机会。于是,这些人就买几个"塑料经编包"南下深圳当"倒爷",很快就出现"十亿人

---

① 何焕炎主编:《中国农村统计年鉴(4)》,中国统计出版社1989年版。
② 温铁军等:《八次危机·1949—2009中国的真实经验》,东方出版社2013年版。
③ 1968年12月22日,《人民日报》发表题为《我们也有两只手,不在城市里吃闲饭!》的文章,公开发表了毛主席"知识青年到农村去,接受贫下中农的再教育,很有必要"的指示。

民九亿商,还有一亿待开张"的局面。

因为1980年的危机爆发在城里,不能向农村转移了,这次硬着陆就砸出一个大规模改革。

首先,是1979年政府在对外负债严重的压力下提出价格双轨制,同时开始推行允许地方财政外贸自主权等一批放权让利政策,这就是"开放促改革"的开始。自此崛起了中国四大沿海地区——辽东、胶东、苏南、浙北,这些地方都是原来国家工业化地区形成的工业带。这些沿交通线分布的城市工业带借着中央放权让利,获得了地方自主权和价格双轨制的机会,将城市产业在周边做了重新布局——物理空间的产业结构调整。所以,中国在20世纪80年代初的城市产业空间扩张和结构调整,带出了沿海地区的先发展。当时就提出了沿海先发展,允许一部分人先富,先富带后富等说法。

其次,中央在财政严重赤字压力下压缩支农投入,据此进一步推进农村改革,由此实行的家庭联产承包制度是一种"政府退出",同时把应该支付给农村的基本公共开支(社保、医疗、教育)转移到被农民重新均分的土地上。

至于城市国有企业改革的"拨改贷"和"利改税",是指有关部门把财政拨款改成企业从银行贷款,自己留下利润再给国家交税,这样企业就开始有自利需求,就搞了厂长经理承包责任制,政府与企业分离。

但就在同时,因为国家面临巨大的失业问题,所以要求国有企业必须吸纳就业,"五个人的饭十个人吃",很多国企安排子女顶替,下岗老职工就变成了乡镇企业的技术力量。同时,还有大批干部子女就业困难，于是"官倒"就开始捞第一桶金。总之，早年国企的低效益问题并不完全是国企自己的问题。

政府采取这一系列政策都被媒体称为改革。其实类似的政策在20世纪60年代就采取过，只是当时被叫做调整。所以说，危机砸在城里，就会有调整或者改革，这是农村"去组织化"的背景——由于财政压力，分给农民一份田，同时不再管农民社保和农村其他公共开支，也就是政府在农村公共服务领域的退出。于是形成以"家庭联产承包责任制"为名的农民"去组织化"的客观演进，随着中国乡土社会大多数村社资源性资产分配到户，最终使村级经济组织实质性解体，农民再次回归"小农经济的汪洋大海"。对农民而言，以户为单位对村社共有的资源性资产形成实际占有、受益、转让和处置等产权，并且被官方制度予以清晰化保护，还能据此获得国家政策优惠和补贴等凭借农民身份便可以得到的"铁租"收益，虽然户均占比不高，但确实是衷心拥护的。这是"去组织化"政策的制度收益。

六、组织起来发展"三位一体"的综合性农民合作社

农村生产力诸要素中主要用于农业生产的地表平面资源多年来是农户分散占有的，但如今在"两山"理念之下，新阶段的农村综合发展强调"生态产业化和产业生态化"，为此就需要按照习近平总书记的要求"全方位、全地域、全过程"地开发乡村"空间生态资源"。这的确是单家独户做不了、做不好的事情。我们到

了把农民组织起来、吸纳市民下乡推进生态化创业创新、发展新型集体经济的关键阶段。

面对数以亿计的分散小农户,中央要求的"重构新型集体经济"该怎么操作才能发展起来?

如果一如既往地在很多领域盲目照搬西方个体主义为基础的,且内涵着意识形态教化功能的理论体系,则会愈发将一些"三农"相关问题,比如农业产业化问题、农村稳定与地方治理问题、农业与农村生态环保问题、流动劳工问题等推向不可缓解的两难困境。

我们认为,唯有复兴生态文明,以此维持乡土社会内部化应对外部性风险的综合性合作与自治,才是中国免于重蹈负债过高的西方模式现代化危机的合理取向。而国际经验比较研究也表明,在小农经济社会,只有提高农民组织化程度,才能形成制度创新的空间改善乡村治理,并以组织创新和制度创新来承接政府各项惠农和生态文明导向资源的注入,最终实现农村经济、社会和治理的可持续发展。

只有农村的可持续,才有中国全局的可持续发展。

习近平总书记关于"统""分"关系的思考,并非是为制定回应短期问题的临时政策,而是立足农业经济和农村发展的根本处境,即农村市场化,提出构建新的农业经营体系。习近平同志早在2006年10月在浙江任职时就提出"三位一体"的新型合作与联合组织,把合作制农业产业化经营又提高了一个层次。[1]他指出:

---

[1] 2006年12月19日,在浙江全省"三位一体"合作社现场会上,习近平进一步全面论述了"三位一体"合作社构想。

"随着市场经济的发展和农村改革的不断深化,一些影响农业和农村经济发展的深层次矛盾逐渐显现出来……一家一户的小生产经营方式不适应社会化分工、分业大生产的经济发展规律的客观要求。"在分析了农民在市场经济中的弱势定价地位后说,"必须使分散的农民联合成为一个有机的整体,以形成强大的市场竞争力"。他在博士论文中还强调说:"要走组织化的农村市场化发展路子。"他提出,"要发展农民的横向与纵向联合……强化农民合作经济组织的农产品销售职能,加强产后服务,把生产职能与流通职能融为一体……发展跨乡、县的地区联合,组建大规模的中心合作社或农产品销售集团……有计划、有组织、有步骤地发展多层次、多形式、全方位的农业社会化服务组织"。[1]

习近平总书记明确要求"组织化的农村市场化",不仅是指农业产业的组织化,更是指农民的组织化,农户通过合作组织形式得以利用和控制这些产业组织,从而真正使得农户成为农村市场化中的首要主体力量和农业产业化中的首要获益者。这里的农民组织化,我们理解主要就是借鉴日韩模式,构建综合性的农民合作社,使分散的农户成为一个有机的整体,以形成平等的市场谈判地位和获益能力,由农户来分享大部分利润,而不是让资本和中间商拿走大部分利润。

"三位一体"农民合作也需要系统性地深化改革,主要是以综合性农民合作组织为基本构成单位,通过横向联合和纵向整合,形成合作组织体系,从事农业全产业链经营,将利润留给各级各类合作组织的主体社员——农户,实现农户家庭经营的可持续发

---

[1] 习近平:《中国农村市场化研究》,清华大学2001年博士论文。

展，从而实现农业的可持续发展和农村的长治久安。

小农经济分散化的状态，很难抵御自然风险和市场风险，广大中西部地区的农村已出现逐渐"空洞化"的现象。在以信用社、供销社系统与农民专业合作社为名的大户经济各自为营的大环境下，对于大多数普通村庄的发展而言，亟须探索完善以家庭承包经营为基础、土地三权分置条件下统分结合的双层经营体制。

以村庄为单元通过群众路线把村民组织起来，建设综合性合作社，是一个好方向。即综合性社区合作组织、多样性乡土社会文化建设、党政主导的群众路线这"三位"，服务于作为"一体"的美丽村庄的可持续发展。

具体而言，要执行中央要求的"投改股"，把多个政府部门投入乡村基层的项目资金及其设施性资产改为乡村集体的资产。据此，有规模的资产量就可以村"两委"为主导力量，从村庄资源和群众利益出发，向本村群众合理配股，动员村庄能人和积极分子，自觉推进本户的生态资源股权化，村集体占有经营权、处置权、分配权，村民股东占有收益权，以此带动村民加入村集体为主体的综合性社区合作，提高对外统一谈判地位以及相关的社会治理与文化建设工作。如此必会为村庄可持续建设与国家宏观政策的长效对接打好基础。

山东省烟台市在这个方面作出了比较好的探索，以党支部领办合作社把分散的农民组织起来，重构村集体与农民的经济联结。

案例 5

山东省烟台市推行党支部领办合作社

2017年，烟台市委组织部牵头在全市推动村党支部领办合作社。从最初的11个村试点，扩大到百村示范，现在已经实现了千村覆盖。截至2020年8月，烟台建成了2779个党支部领办合作社，占全市村庄的42%，把农民组织了起来，取得了一定成效。

如何推进党支部领办合作社工作？

一是从组织部门入手，以思想引领发展。2017年4月，烟台市委组织部下发文件，要求全市党组织把学习《塘约道路》作为"两学一做"的一项内容，同时作为党支部书记的必读教材。2017年邀请王宏甲老师来到烟台，给全市2000多名党员干部做报告，并邀请他到烟台市已有的村党支部领办的合作社进行调研，然后召开了县市区委组织部长和部分乡镇、村书记的座谈会，拉开了党支部领办合作社的大幕。

二是选好"头雁"，让支部书记领着干。毛主席说过"正确的政治路线确定之后，干部就是决定因素"。党支部领办合作社关键要有一个好班子。村"两委"换届时，烟台要求合作社的理事长要由村党支部书记来担任，把政治标准作为选好村"两委"干部的第一关。设置了"两委"成员候选人正面清单和"十五个不得""十五个不宜"的负面清单，创造性推行了自荐参选，让竞选人站到台前公开竞选、依规承诺，让党员群众选择，把那些有私心、有污点的人挡在门外。组织部也更加重视基层干部的教育培训，每年组织100名村党支部书记到浙江大学举办"村党支部领办合作社发展集体经济"专题研修班，另外筛选部分村干部到100个示范村跟班学习，把合作社运营的每个环节都弄清楚、学明白，带出一批懂政策、善经营、会管理的农村干部。

三是压实责任，让党委政府推着干。首先，针对乡镇（街道）党（工）委书记，烟台组织部长就党支部领办合作社专题讲了一次课，进一步统一思想、凝聚共识、明确思路、加压推进。在层层推动下，各县市区已将党支部领办合作社作为抓实农村基层党建的"牛鼻子"，形成了一个热潮。其次，烟台栖霞市对投入到村的财政资金，要求从收益中拿出30%投入到所在镇的"资金池"，扶持其他村的发展。各县市区都在统筹利用切块到县的乡村振兴"资金池"，集中资金办大事；在政策支持方面，市里整合财政、农业、国土、供销等8个部门的力量，对100个村党支部领办合作社示范村进行全方位支持。2019年，又进一步整合农口相关部门力量，专门出台配套扶持政策，给合作社的发展创造良好的成长空间和发展环境。最后，在农业技术方面，请来农科院的专家，把新技术、新品种和新生产理念引入党支部领办合作社的村庄。

四是由点及面，让典型引路带着干。在推行村党支部领办合作社中，坚持试点先行、典型引路，坚决不搞"一刀切""大呼隆"。第一步，2016年底至2017年初，在全市找出当时集体经济发展较好的11个村，把它们作为探索村党支部领办合作社的"排头兵"，率先迈出步子、发现问题、闯出经验、打造样板，带动面上推广。第二步，2018年6月，又筛选了100个村开展示范行动。2019年1月，在全市组织部长会上明确提出，党支部领办合作社是2019年全市农村基层党建的重点。从2017年11个村试点，到

> 2018年的百村示范，再到2019年的千村覆盖，始终稳扎稳打往前推进，现在一些地方已经出现了群众推着党支部成立合作社的情况。
>
> 资料来源：江宇：《烟台纪事——党支部领办合作社之路》，人民日报出版社2021年版。

对于经济合作组织，我们比较认可日韩模式，主要是中央政府把全部给农业的优惠政策都赋予在小农经济基础之上建立的综合性合作社体系，并且长期禁止外部主体进入农村经济领域。这样，才能以合作社在所有涉农经济领域的二三产业收益来弥补弱势小农在一产农业领域的收益不足。

以日本为例。日本早在1893年为了筹备对中国的侵略战争就组建了乡土社会的社会组织。二战失败后，也在推行土地改革之际建立综合性的合作社，二者几乎同步。同时，包括金融保险房地产在内的农村经济领域所有的资本化利益都集中在这个垄断性的合作社里面，政府的优惠政策也全部通过合作社对农户执行，而且长期禁止私人企业进入农地交易，政府还严禁任何私人资本和外国资本进入农村社会经济领域。从而保证了所有在农村领域产生的经济收益都通过综合性的农民合作社高比例地返还给农民。如今，在综合农协向会员返还收益的作用下，日本农民人均收入比城市工作者人均收入高1.6倍。这样就在较长时期内稳住了农业、农村、农民，使乡村成为这个国家发展的"稳定器"。不过，在美国要求完全放开农业市场的压力下，日本也在农产品国际贸易和外资的国内市场准入上，做出了很多让步，使近20多年来综合农协的补农能力每况愈下。

七、农民合作社应顺势转型为社会企业

我们强调农村应该形成更多元化的组织。当中央文件明确要求推进"三变改革，重构新型集体经济"的深改内容时，我们认为，应该关注的是新型集体经济重构的前提条件。须知，农村生态资源的产权边界往往是和村域的地缘边界重合的。为落实习近平总书记提出的生态资源价值化开发必须"全方位、全地域、全过程"的要求，那就得进一步提高农民的组织化程度，就得让村集体和农民合作社成为生态资源价值化的微观主体，并且应该在工商局注册为"社会企业"。

我们提倡农民综合性合作社的目的，一是在基层构建涵盖乡土社会生产、生活、文化、社交、治安等全方位的综合性农民合作组织，以减少包括自然人在内的任何外部主体进入农村时难以规避的交易成本；二是只有将利润留给各级各类合作组织，才能有剩余返还给参与合作经营的农户；三是本地化的合作社还要参与当地的乡村建设及社会事业。

可以据此认为：这样有社会参与的在地化综合性的企业，是社会企业。

乡村集体经济作为社会企业与私营个体企业的本质差异，在

于不以利润最大化为目标。社会企业一方面作为新的微观主体，与资源环境可持续发展具有极强的内在联系性；另一方面作为一种追求社会整体效益最大化的企业组织类型，适用于推动乡村产业发展和社区建设有机结合。也就是说，乡村振兴所需要的"重构新型集体经济"应该主要以社会企业的方式进行。对接外部多元主体、发展绿色社会化农业、改善村庄治理，将是乡村生态产业发展的有效组织创新。

在农村的社区性集体经济、农民合作社经济，都与当地社会企业的目的具有一致性，都是为了社区的共同利益最大化，而不是个体利益最大化。所以，社会企业与农村集体经济具有一致性，社会企业将会成为农村组织经济的重要模式。

国内从事社会企业研究的一部分人士比较认同西方概念，认为中国社会企业尚在早期形成过程之中，我们对此不敢苟同。相对而言，我们在乡村发展实践中所涉及的微观主体的概念内涵与外延都非常丰富，在不同语境、不同地域中也有不同的界定方式。本文不打算专门在理论上对社会企业的概念进行辨析，而是聚焦于其社会建设的根本性目标指向。它谋求怎样的社会目标？怎样以经营的方式实现社会建设的目标？特别是处于社会基础位置的乡村社区，又怎样与本社区的社会生态有机结合？这是本文关注的问题。

首先，让我们回顾中国的历史，中国历史上社会企业家就有很多杰出的，比如创办现代纺织企业的张謇。

张謇于1895年"马关条约"签订之际创办大生集团。张謇之所以创办大生集团，乃是因中日甲午战争中国的失败，北洋水师全军覆没，他作为清末的大臣，遂以国耻为激励，辞官回乡办企业，从此艰苦奋斗30年。

19世纪中国企业家的口号是实业报国、救亡图存，而不是私利最大化。他们由于不可能学西方去开拓海外殖民地来提取资本原始积累，所办的企业就只能是在地化的，要把地方的自然资源与社会资源都调动起来，才能实现资本积累。这跟现在农村乡镇企业类似。

张謇造福了南通一方，办了包括农会在内的各种社会组织，带动了一方的发展，[1]是中国早期企业家的标杆。

案例 6

社会企业家张謇的在地化贡献

张謇以"牛马"自称，"下走之为世牛马，终岁无停趾"。1895年，他开始酝酿创办大生厂，历经44个月的艰难困苦才开工投产。在大生纱厂经营获利后，张謇逐渐建成了以大生纺织公司为核心，包括工业、交通、金融、贸易等行业的37家企业，20家相关的盐垦公司，资本额达2483万两白银的企业系统；建成了近代基础教育体系，发起兴建了纺织、医学、农业、商业、水利、

---

[1] 杜洁,兰子馨,温铁军:《张謇精神密码：空间正义、在地化发展、社会型企业》,《中央社会主义学院学报》2021年第2期,第180—183页。

船政、刺绣、戏剧等一批高等学校和职业、专科学校，共办学300多所，并支持中国女学堂、复旦学院、中国公学等学校的开办；建成了一大批交通、水利、气象、市政等设施；建成了博物苑、图书馆、更俗剧场、伶工学社等文化设施；建成了育婴堂、养老院、贫民工厂、残废院、栖流所、济良所、医院等慈善机构。美国哲学家杜威称赞南通为"中国教育之源泉"，《密勒氏评论报》主编鲍威尔说南通是"人间天堂"，日本内山完造称赞南通是"理想的文化城市"。在清末民初，张謇"实业救国"的思想及其对南通地区实业的投入，使南通成为江北的经济中心和商品集散地，张謇也被称为"近代南通之父"。

资料来源：根据南通市张謇纪念馆官方网站资料整理。

在中国近代乡村建设领域中另外一位著名的社会企业家是被重庆人称为"北碚之父"的卢作孚。卢作孚年轻时两次去南通向张謇学习，于1925年创办民生集团，借钱买轮船从1926年开始在川江上搞航运，到20世纪40年代成为长江上最大的中国航运民族企业，其创办企业之初心也是实业报国。到他最后去世的时候仍然两袖清风，毕生没有多少消费性开支，连家具、办公桌椅都是从公司借的。卢作孚临死之前，叮嘱家人一定把借的这些家具还回去，不能拿公司财产，这也是没有资本收益的资本家。[1]

从清末到民国，再到新中国，中国不乏这样的社会企业家。

---

[1] 杜洁，张兰英，温铁军：《社会企业与社会治理的本土化——以卢作孚的民生公司和北碚建设为例》，《探索》2017年第3期，第138—143页。

进入新世纪，华西村老书记吴仁宝虽然跟着潮流搞了集体经济股份制改革，但是在临终之前提出把名下资产交回村集体。

一些理论专家"师承西方"，在社会企业研究上没有认真地把这些国人作为典范。当今天我们对企业家做教育培训的时候，就应该把这种社会企业和社会企业家当做典范。尤其是当我们今天再度强调重构新型集体经济，强调把集体经济的发展作为乡村治理基础的时候，一定要把这些人当成典型，他们是中国的脊梁。

中央在确立"城乡融合"的指导思想的同时，强调了市民下乡与农民联合创业。因为多样化业态的、三次产业融合的新型绿色农业，本身即意味着多元社会主体（不仅是农民、企业家与地方政府）的广泛参与，包括市民的投资、投技、投智等共享式的参与。这种广泛的社会参与，要求的不是资源资本完全被某些大企业垄断，而是流转于诸多参与主体之中，共同经营与调配。在实现乡村产业兴旺这个经济目标的同时，实现农民参与利益分配的共生共享共治的社会目标，促进乡村或本地社会的良性综合发展。如果从综合性合作社需要"三位一体"的意义上说，乡村经济业态的多元性、生态环境的可持续性，以及生态条件下的人文社会生活的多样性本来就应该是一致的。乡村振兴战略确立以来，国家政策相继提出，也极大优化了中国特色的社会企业发展的外部条件。

所以，生态文明所要求的社会企业与乡村生态产业化，特别是维护多样性的乡村资源价值化的经济过程本身，紧密相关。维护乡村社会发展与维护自然资源的可持续性发展密切结合，不但是乡土经济社会内生的义务，也是新型集体经济在乡村社区中持续经营的基础。

可以说，村集体作为"社会企业"，作为一种追求社会整体效益最大化的企业组织类型，适用于推动乡村产业发展和社区建设。

生态文明建设背景下的乡村社会企业追求的社会建设首先就是其自身所在地这个社会的建设，其目的是形成国际社会普遍讨论的、与全球化对立的"在地化（Localization）"的经济社会可持续发展目标。同时，这种在地化社会建设内生具有生态可持续、人文社会多元化的发展目标。因为，在微观经济主体意义上，以乡村社区为基础的社会企业，其决策、劳动、利润分配机制，与"新型集体经济"及综合性合作社原则有一定的内在参照性。这些构成了乡村生态化社会企业的长期可持续发展基础。

乡村振兴战略所要求的农村改革，应该以社会企业的方式重构新型集体经济，以工商企业形式顺畅对接包括金融在内的多元外部主体，发展绿色社会化农业，改善村庄治理，这将是乡村生态产业发展的有效组织创新。一方面，在深化改革层面上，社会企业可以是以城乡融合为桥梁、以社会多元化主体参与为形式的"混改"创新，有利于推进多种经济成分的共同兴旺发展；另一方面，以社会化企业为载体，在生产方式上是对传统乡土社会"百业兴旺"的包容式超越。

在这个意义上说，社会企业可以是强农业、美农村、富农民的创新组织载体，是"治理有效"的重要组成部分，也是习近平新时代中国特色社会主义思想指导下的乡村振兴战略中，乡村新型集体经济建设与民营企业发展的重要创新方向。

八、批判性借鉴日韩农业发展模式

地处东北亚的日本和朝鲜半岛，早期属于"次生农业"，而中国大陆农业则属于"原生农业"，三者共同构成历史悠久的东亚模式。受基本国情制约，三者存在数千年的小农经济至今还是一片汪洋大海。这个状况没有被西方模式的工业化和城市化完全摧毁，但总有一股力量非要让东亚国家搞殖民地化的高度集中、规模化、产业化的农业模式。对此，国内的政策文件历来讲得很明确，培育新型经营主体，发展适度规模经营。这个新型经营主体包括农业类的企业，但中央文件同时强调的还有家庭农场和农民合作社。

习近平总书记说得很明白："'大国小农'是我们的基本国情，小规模家庭经营是农业的本源性制度。人均一亩三分地、户均不过十亩田的小农生产方式，是我国农业发展需要长期面对的现实……我国各地农业资源禀赋差异很大，很多丘陵山区地块零碎……不是所有地方都能搞集中连片规模经营。"[1]

说得直白一点，中国是原住民社会的小农经济，除了部分广阔区域的，比如东北、新疆、内蒙古等区域的大型农牧场，我们没有条件去跟有殖民地条件下的大农场支撑的跨国企业竞争，我们有自己的比较优势。如果不把这个问题搞清楚，在国家和地方的农业政策领域，以及涉农企业发展战略上，就会犯根本性的错误。

对此，我们必须正本清源，回归东亚万年农耕文明包容性可

---

[1] 这是习近平同志在中央农村工作会议上讲话的一部分，参见《走中国特色社会主义乡村振兴道路》（2017年12月28日）。

持续的正确发展道路上来。

东亚农业包容性可持续发展，靠的是小农村社制。须知，相对完整地保持了这种东亚制度类型的国家是日本和韩国。而对所谓东亚模式的支撑，本质是对所有农民高度普惠的反哺。第一，日韩农民60%以上的收入来源于政府的各种优惠政策[1]；第二，政府把绝大多数农民组织起来，农民可以通过各级农协以合作社形式进入金融、保险、加工、购销、超市、餐饮、旅游、饭店等多种高收益的业态；第三，官方严禁外部主体进入农业经济领域对农协开展竞争，这样才保护了日本农协这种"全方位全地域全过程"获取垄断收益的农民组织。

中央刚提出新农村建设的时候，很多官员到韩国去学习新村运动。其实学到的是我们古已有之的传统小农村社制度的加强版，或者是"农业学大寨运动"的韩国版。因此，还是要回到自己的历史文化传承中来。我们应该多一点文化自信、道路自信，东亚模式本来就是从我们这儿传过去的。由此，可以更多一些对习近平新时代中国特色社会主义思想的理解。

我们也有发展困境，在东亚模式中我们属于放弃农协组织的典型。通过给农民平均分地，形成的是乡村小有产者的社会下层。面对成千上万的小有产者，最难化解的困境是交易费用。中国在历次土改中，形成的是世界上最大规模的小农经济，几乎不可能抗拒自然与经济的多重风险，更难以被一般意义的市场化所整合。但我们现在大约90%的农产品，还是来源于数以千万计的小农户

---

[1] 朴英爱,付兰珺:《日本型农业直接补贴政策分析》,《现代日本经济》2021年第3期,第59—67页。

的兼业化种养殖业。

而这样的分散化和兼业化，使得农民与外部主体之间的交易费用问题几乎是不可克服的。指望现有产业化政策克服交易费用十分困难。假如企业进入乡村做资源开发就得跟农民做交易，承担高额地租。地租为什么这么高？因为采取的是分散交易的形式。农民不大可能参与集中竞价，企业如对每个农民做单个交易，信息搜寻成本一定很高。虽然可以找政府，但政府也是外部主体，跟农民也打不起交道。

所以我们团队提出，任何外部主体，无论是企业、社会组织，还是政府，只要进入高度分散的小农经济，一定会面对交易成本不可克服的根本矛盾，这就是我们现在所谓的深改没找到改革对象的痛点。

据此看，农民的再组织化成为乡村振兴战略成败的非常关键的一步。所幸，我们看到了希望，在习近平总书记的亲自关注下，国家有了负责农村事务的主管部门，有了以中国农民为名的丰收节……在不远的将来，我们希望农村群众会有自己的农会组织，将广大农民组织起来实现制度创新。

诚然，这也是杜润生老先生对年轻一代人的殷切希望。[1]

---

[1] 杜润生老先生是党内最资深的农村问题专家之一，被誉为"中国农村改革之父"。2003年，杜润生在90岁生日那天发表了讲话，留下两个问题希望后辈们在15年内解决。第一个是怎样减少农村人口，组织好农村人口的转移，在本世纪中期转移出去2亿左右的农民，使农民取得完全的国民待遇。现在有近亿人在城市与乡村之间摆动，城市要把这些人安排好。第二个是农民缺乏自己的代言人。根据世界的经验，最好的办法是建立农民协会。

思考 **5**

新型城镇化战略是
乡村全面振兴的重要支撑

POJU
XIANGCUN
ZHENXING

目前，我国的城镇化率已经达到64%，这是指城市常住人口，但户籍人口城镇化率仍然只有45%左右，[①]所以一些学者根据农业人口转移和经济增长的西方经济学的理论逻辑，提出把城市化作为中国经济未来增长的主要支撑。还有的专家提出破题之方——农村土地私有化，完全放开城市户口，让农民变卖土地缴纳社保后进城，变成彻底的城里人。更有甚者认为乡村衰败是历史的必然，明确打出"消灭农民"的口号。

对此，习近平总书记指出："在现代化进程中，城的比重上升，乡的比重下降，是客观规律，但在我国拥有近14亿人口的国情下，不管工业化、城镇化进展到哪一步，农业都要发展，乡村都不会消亡，城乡将长期共生并存，这也是客观规律。即便我国城镇化率达到70%，农村仍将有4亿多人口。如果在现代化进程中把农村4亿多人落下，到头来'一边是繁荣的城市、一边是凋敝的农村'，这不符合我们党的执政宗旨，也不符合社会主义的本质要求。这样的现代化是不可能取得成功的！"[②]

总书记既看到了一般城市化的发展规律，也做出了城乡二元结构长期存在的预判，即使到2030年城镇化率达到70%，农村也还有4亿多人。那么，这么多人还要在农村生产生活，不可能都去城市，怎么能让农村衰落而放任不管呢？

实际上，用激进城市化解决农村问题，得到的会是更多的问题。决策者千万不能被少数利益集团左右，因为，激进推行城市

---

① 根据国家统计局2021年公布数据。
② 2018年9月21日，习近平总书记在十九届中央政治局第八次集体学习时的《把乡村振兴战略作为新时代"三农"工作总抓手》讲话中讲到。

化一定程度上意味着资本扩张，特别是房地产资本和金融资本相结合的资本扩张，意味着这些利益集团攫取更大规模的利益。

网络传闻我们团队因"反对城市化"而广受批判，甚至被扣上"反现代化"的帽子，实际上我们反对的是以激进的大城市为主要载体的城市化，而不是符合中国实际需要的在地城镇化战略。我们主张对农民而言较低成本的"县域城镇化"，县下有很多数千人口聚居的大村，在世界上都是"城镇"；还有很多数万人口聚居的乡镇，世界通行的名称就应该叫"市"……

此外，大家还是应该理解城市化的多种不同方式的差异；至少应该认真学习习近平总书记关于城镇化战略的表述，他强调："要把乡村振兴战略这篇大文章做好，必须走城乡融合之路。我们一开始就没有提城市化，而是提的城镇化，目的就是促进城乡融合。"[1]

一、新型城镇化和城市化的差异

在我国的政策文件中，所谓"城市化"，和"城镇化"是不一样的概念。城市化的英文叫 urbanization，城镇化却没有对应的直译。到现在为止我们的整个学术界全部都只用 urbanization 城市化来解读中国的"城镇化"，中国是要加快城市化，但是我们的城市化是用城镇化来实现的。中央在 2005 年强调新农村战略的时候，

---

[1] 2018年9月21日，习近平总书记在十九届中央政治局第八次集体学习时的《把乡村振兴战略作为新时代"三农"工作总抓手》讲话中讲到。

明确了新农村战略的一个重要内容叫县域经济，县域经济有两个支柱，一个是中小企业的发展，另一个就是城镇化。因为没法对西方作解释，所以我们生造了一个英文词叫townization，在与西方国家做交流的时候，他们都一听就懂。

可见，城市化和城镇化是完全不同的两个概念，只不过国内的理论界对国内政策概念和内涵缺乏做本土知识生产的能力。

城镇化的概念在很大程度上，是创造政策优惠，吸引城乡中小企业，鼓励中小企业在县级以下的城镇相对集中，由此而得以在最短半径中让最多的农民获得非农就业机会。

因此，城镇化实质上是一个减少农民成本的、去大城市化的"三农"现代化过程，也是一个统筹大中小城镇协调发展的过程。其间，各地会加大乡村的基础建设、保持农舍、维护原有的农村社区建设，这是保障农村成为国家经济发展"蓄水池"的作用。蓄水池容得下的"水涨水落"与经济危机的可调节程度和社会稳定程度有必然的关系。

西方世界给出的是大都市圈战略，纽约都市圈、伦敦都市圈、东京都市圈在大众印象中应该非常高效，意味着经济增长、商业发达、生活便利等。不过，其实大城市也意味着高度污染、高度风险。过度地把工业集群集中压在大城市带，必然造成严重的污染。按照大城市化的模式搞粗放的数量型增长，严重违背生态文明战略。何况，很多发展中国家的贫民窟带动城市化的后果就是没有实现社会稳定的基础。

从理论上讲，城市化其实是一个资本和风险同步集中的经验过程。发达国家的城里人享受的主要是资本的溢出效应，但同时要考虑能不能有效地把城市化的风险弱化掉。比如，这两年一些城市，特别是特大超大城市在城中村聚居了大量打工低收入者，他们若因故出现生存困境，就有可能造成群体性事件，带来治理危机，这意味着超大城市潜在地具有风险不可控性。对比城市化水平太高区域的现实治理情况，就会感受到一个地方人口集中度要适当，应该尽可能地与其自然生态资源承载能力相匹配，必须要有城有乡、有工有农，不然关键时候真的会出现不可化解的危机。

还有世界大多数发展中国家遭遇到的贫民窟问题。

很少有人做发展中国家的城市贫民窟的调查，我们团队到处去做发展中国家的比较研究，包括对贫民窟的调查。我们认识到，在那些人口过亿的大型发展中国家，比如印度、巴西、墨西哥、阿根廷、孟加拉等，没有一个成功的城市化典范。有很多发展中国家城市化率很高，比如巴西、委内瑞拉等，但都属于"空间平移集中贫困"的规律性现象，也就是跨国公司占有农村资源使贫困农民没有生存能力，只能拖家带口流入城市，造成贫民窟人口的大量增加，形成社会的灰色地带。总之，这种自由放任地走大城市化的路子，不是我们解决"三农"问题要走的路。

习近平总书记指出，实施乡村振兴战略也是为全球解决乡村问题贡献中国智慧和中国方案。乡村衰退导致的"乡村病"、城市贫民窟是一个全球共同面临的挑战。从世界各国看，在现代化过程中，乡村必然要经历一场痛苦的蜕变和重生。我国农村发展成就举世瞩目，很多方面对发展中国家具有借鉴意义。[①]

[①] 习近平总书记在2017年年底的中央农村工作会议上的讲话。

所以，一味发展大城市或强调城市化率，长远来看，是令人担忧的现象。针对这些危害，西方国家早就出现了逆城市化现象。所以，2018年两会期间，习近平总书记在参加全国人大广东代表团审议时强调："城镇化、逆城镇化两个方面都要致力推动。城镇化进程中农村也不能衰落，要相得益彰、相辅相成。"

二、城乡人口流动的真问题

2021年，我国常住人口的城镇化率尽管达到了64%左右，但其实仍然有数以亿计的人沦为城中村"蜗居"和城市边缘的"蚁族"，稍有不慎，他们就会变成贫民窟式的灰色生存群体。

在中国，短期推进农民大规模进城，需要考虑两个关键问题：

第一，社保问题。现在农民工及其随迁家庭人口按照国家要求上全各种保险的比例很低。为什么？因为现在农村建立社会保障的成本低于城市，农民工一般不需要在城里再建另外一套自己额外交钱的保障，更何况城乡二元分割，农村和城市的保障不同，各地政府让农民工缴纳社会保险，这就客观导致企业或农民工的负担加重。

第二，身份变化问题。在农村，农民有房子有地，相当于"小资产阶级"，让他到城里变成产业工人，意味着变成无产阶级。请问，有谁愿意从"小资产阶级"变成无产阶级？改革开放前，农民没有地，仅有房子，城市工人却生老病死有依靠，工农之间的差别相当于中产阶级跟贫民的差别，所以农村才会出现争相进城当工人的情况。但现在的情况则大不一样了。

我们并不反对城市化，只是希望大家要多做实际调研，尽可能跳出西方教科书的理论逻辑。很多发展中国家都有人口向城市集中的情况，但那是"空间平移集中贫困"——把分散弱势，但尚可做扶贫救助的农村人口集中到黄赌毒泛滥、黑社会控制的大城市贫民窟——这不是缓解而是城乡矛盾最终在城市的集中爆发。

现在"80后""90后"，甚至"00后"的农民的父母大多50到60岁，尚处于农业劳动力的主力状态，占9亿农业户籍人口的多数，在"新增人口永不分地"的政策前提下，这部分农村劳动力的相对结构性过剩问题可能会逐渐恶化。再加上现在农村的教育有一些是针对进城务工的技术培训，这就导致新生代农民很难再融入农村生活，大多数演变成为城市边缘人。如果认为其中大部分不愿意在城里当产业工人的应该回乡在农场中变为农业工人，这仍然还是把小有产者变成无产者的思路；而且，只有站在资本的立场实行"亲资本"的选择才有这种思路。

新世纪的重大挑战，是"新生代农民工正在形成一个新的工人阶级"，这只是我们对客观经验的归纳，并不意味着主观上有任何倾向。这些"90后""00后"的新一代，一方面反映出新工人群体自主性强的特征；另一方面，他们在村里还有家，不至于酿成更大的不稳定。当农村土地不能再做分配，就意味着截断了他们回家乡去当"小有产者"的路，而城里的"亲资本"政策又把本来不愿意当产业工人的农村青年变成高度组织化的工人阶级时，就会带来更多的社会问题。如何化解这个风险？新型城镇化方案或许是个正确答案。

三、新型城镇化的提出与作用

2003年10月，党的第十六次全国代表大会在北京召开，首次将新型城镇化的雏形——"走中国特色城镇化道路"明确提出，并将大中城市与小城镇的协调发展作为其内涵。2005年10月，党的十六届五中全会将新型城镇化作为"新四化"①的主要内容郑重提出，将新型城镇化摆到了国家战略的层面。2007年10月，党的十七大报告将新型城镇化列入"新五化"②范畴。2011年制定的"十二五规划"提出：坚持走中国特色城镇化道路，科学制定城镇化发展规划，促进城镇化健康发展；但此时主管部门文件上的城镇化，在基本概念上已经混同于城市化了。2013年中央城镇化工作会议在北京举行，习近平总书记发表重要讲话，提出要以人为本，推进以人为核心的城镇化，提高城镇人口素质和居民生活质量，把促进有能力在城镇稳定就业和生活的常住人口有序实现市民化作为首要任务。

此后，城镇化大规模建设与城市"房地产金融化"浑然一体，成为实体经济"L形下滑"背景下的"工业供给侧结构性改革"阶段对GDP有显著促进作用的增长领域，使同时期的城市化率加速度提高。在连"四线"以下城镇都遭遇房地产业泡沫化的促推下，

---

① 2005年党的十六届五中全会提出我国工业化、城镇化、市场化、国际化步伐加快，要求坚持大中小城市和小城镇协调发展，按照循序渐进、节约土地、集约发展、合理布局的原则，促进城镇化健康发展。
② 2007年党的十七大提出全面认识工业化、信息化、城镇化、市场化、国际化深入发展的新形势新任务，要求走中国特色城镇化道路，按照统筹城乡、布局合理、节约土地、功能完善、以大带小的原则，促进大中小城市和小城镇协调发展。

2021年城镇化率达到了64.72%。

2021年房地产金融化遭遇到国家调控政策趋严的影响，虽然"十四五"规划纲要强调"提升城镇化发展质量""深入推进以人为核心的新型城镇化战略"，但实际上，城镇化增长率正在相对稳定下来。由于全球化危机，中国出现数百万私营个体经济注销、数十万股份制公司注销、数千万农民工"二次返乡"，以及上千万市民下乡的现象。对此，一方面2022年政府工作报告指出，要深入推进以人为核心的新型城镇化，不断提高人民生活质量；另一方面，党的二十大文件高度重视乡村振兴战略和县域城镇化。

中央为何这么重视县域城镇化？

一是拓展经济发展空间，服务国家大战略。

我们全国的建制镇有3万多个，其中3000多个是县级中心镇，而这里面至少有相当大部分属于基础设施投资不足的城镇化地区。因此，从2005年以后我们开始连续强调城镇化战略，这是针对当全球经济出现危机、外需不断下降的问题。2008年华尔街金融海啸之后外需再度下降，国内也存在着过剩的制造业产业的生产能力到底向何处去的问题。

有鉴于此，把县域城镇化纳入乡村振兴战略，是中国保持经济增长、实现经济软着陆的关键。林毅夫结束世界银行副行长任期回国后，也曾说中国还会有20年的高增长，因为乡村发展的投资空间大。

其实中央的战略调整，使我们对于长期发展更有信心。

城镇化战略一定程度上和我国发展的不平衡、不充分现状是结合的。我们都知道大多数房地产开发停留在"三线"以上大中城市，而在"四线"以下还有3000多个县级中心城镇，有3万多个建制镇，可以部分地吸纳过剩的工业生产能力。

1997年东亚金融风暴之后，我国开始的几个大的战略项目，包括但不限于西部大开发、东北振兴、中部崛起、"新农村建设"、"一带一路"倡议、乡村振兴……通过大规模增发国债带动投资，这样既缓解了生产过剩的压力，又逐步实现区域差别、城乡差别、贫富差别这三大差别的再平衡，这是中央要求国有大中小企业作为"无限责任公司"所承担的战略任务。这种中国特色社会主义坚持"举国体制"才能实现"逆周期调节"的重要经验，客观上强化了21世纪中国在全球化竞争中立于不败之地的体制基础，也势必会这样传承下去。这类化危为机的对策，是强于其他发达国家的中国制度经验。我国可以借此实现三大差别再平衡，而一般国家，哪怕发达国家都做不到这一点。

现在中央确立乡村振兴是应对全球化挑战的压舱石。要做到这个战略意图的抓手是什么，恰恰是县域城镇化战略。当农民进行中小企业创业的时候，城镇既可以吸引投资，又可以带动农民就业。如果做过调查研究就知道，要把2亿多进城农民变产业工人并不符合现实。实际上，农民本质上是"小资"，大部分农民工都不想他从"小资"变到"无产"，哪个农民会愿意？大部分农民工都不愿意一辈子在生产线当工人，农民工到大城市创业门槛高，他们进城打工挣了钱后，更愿意回去当小老板，从"无产"变"小资"。同理，大城市郊区的农民愿意小资变中资，愿意把名下土地给换成三套五套房，成为城市小房产所有者，那就成为"中产"了。所以，郊区农民还干农业吗？郊区农民不愿意当农业劳动力的原因是他们的身份已经是房产主。

我们推行县域城镇化有一个便利条件——中国有的是人口大村，5000人以上的大村比比皆是。只不过它们还叫村，而世界上通称叫镇。如果改大村为镇，一夜之间中国的城镇化率提高多少？全国50多万个行政村还在撤并进程中，可能会有1/3是大村。这些村级镇的基本建设需求有多大，投资需求就有多大。所以，搞县域城镇化，应该把大村改镇。当然，也可以先发展中心镇，把3万个建制镇的1/3建设为中心镇，使其成为中小企业的集聚地，县域经济就一定能发展好。

2022年4月26日，习近平总书记主持召开中央财经委员会第十一次会议，此次会议对未来中国如何构建现代化基础设施体系、促进经济增长、夯实国家现代化基础作出了系列新部署，客观上为新型城镇化发展提供了新的窗口期。

二是形成稳态人口结构，应对挑战危机。

中国是一个经济社会双金字塔形的稳态结构，不像美国和西方是倒立的金字塔。我们的社会稳态结构，下层是"小资"社会，因为农民有地所以是"小资"的主体。如果把农民的地给拿走，那么底层就不可能稳得住。中间的不稳定因素是中产阶层，中国21世纪以来"中资"陡然崛起，是一个巨大的挑战，因为我们过去没有对付"中资"的制度经验。前面已经讲过，中等收入群体在全国范围占30%左右。但各个经济部门也没有针对中产阶层的客户群体研究。官方政策研究也没有把中产阶层崛起当作一个重要的社会结构变化。这是中国出现话语混乱的原因，意识形态主流接受不了现在这个阶层崛起对价值观的顺应调整。在一些机构的研究中，其理论工具太陈旧，只能按照西方的话语体系，但又与自身客观情况不符。于是乎缺乏知识生产能力的中产阶层，自身的话语混乱也导致今天治理上的混乱。

当代中国最有自觉性的是国有大资本，一方面要承担国家赋予的无限责任公司的属性；另一方面，国企执行党中央下达的命令，就是政治自觉性的体现。而党中央要在全球化的国家间竞争中既要维持国家统一，社会和谐，又要在稳定条件下维持发展。这是政治自觉性的体现。

虽然社会稳定要靠国有大资本来实现，但大资本在产业中形成主导或统治地位，占有资本收益、形成部门利益分配，而占人口三分之一的"中产"地位不稳、话语混乱，下层社会则是承担危机成本的主要载体。倘若看不到这些结构性演变中的复杂问题，针对国家的安全、治理架构的改善等问题就会很难形成有效对策。

我们团队所著《八次危机》一书从出版到现在连续8年都是学术类著作中的畅销书，主要是因为我们解释了历次产业资本危机的演化规律——因用庞大乡土社会承载危机代价而实现了城市产业危机的软着陆。而拉美国家城市化大都在80%以上，没有一个能够有效应对危机。非洲、拉美年轻人口占较高比例，那为什么不能接手中国的低端制造业呢？因为盲目的城市化，他们的农民进入城市贫民窟，上有老下有小没人养，这些青年人进厂的劳动力成本要包括"劳动力扩大再生产"的全部成本，实际成本反而高于中国。中国的农民工为什么用工成本低（当然现在大幅度提高了），因为早年的城乡二元制度使农民有地成了小农经济，我们通过集体化承担农民社保，以农业支持工业、农村支持城市的方式进入了国家工业化。后来集体化解体，农民家庭人口依靠承包地和家庭住宅保障基本生存，打工者得到的工资仅是对"劳动力简单再生产"的支付……

三是降低社会治理成本。

举一个例子，大家都知道华西村。华西村是一个"社区化产业资本集团"，数百亿的总产值其实相当于一个地级市的规模，十几万人口则是一个县级市的规模。但是，管理华西村的是一个村的建制，村党委这个40多人的领导班子取代了一个县级市的所有部门，执行管理的就是一个物业公司，还是收费的。所以，华西经验中没有被关注到的，是靠一个40多人的村级团队，管理十几万人口的工业城市。如果推进大村改镇，那我们新型城镇化的管理方式也可以照此改革，这将节约非常多的制度成本。

四、改革才是新型城镇化的真正动力

综上所述，新型城镇化的真正动力，是深化改革，而不是资本。

要在产能过剩、内需不足矛盾下开展以人为本的城镇化建设，就必须进一步深化改革，而新型县域城镇化是经济社会发展的一片蓝海。不过，确有一些地方在城镇化过程中照搬传统工业化老路，简单把乡村变城市、把农民变工人，引发了许多问题。

县域城镇化面对的客体，主要是8亿农民，及其生存其中的200多万个自然村、50多万个行政村、3万多个建制镇。

国家强调生态文明理念和城镇化战略有机结合，实际上就是要立足乡土社会内生的多样性来加强生态文明建设，在城乡融合中推进城镇化。如果能够把投资重点转到"人的城镇化"而不是维持过剩的城市产业；如果能够通过城乡融合促进生态恢复和乡土社会重建，并且据此来改善地方治理，农民就不至于背井离乡，农村也能增强吸引力。

这种城乡融合的市民农民一体化，应当是未来方向。

客观上看，城镇化确实有利于化解产业资本过度集中的城市形成的生产过剩压力。一方面，近年来农村建设快速发展，98%以上的行政村实现了五通（路、水、气、电、宽带），给中小投资者和城乡劳动者提供了"搭便车"的创业机会，为内需型发展奠定了基础。另一方面，中国有约3000个县级单位坐落在县级中心镇，还有约3万个建制镇，只需选择部分中心镇作为城乡一体化的基本建设投资重点，就足以打造城市之外的第二个"资本池"，还可巩固农村作为传统"劳动力池"的作用。

新型城镇化是扩大内需和促进产业升级的重要抓手，但并不意味着就得继续以城市那种粗放的污染性的产业促进城镇化，更不能延续单纯追求GDP时期的亲资本政策。

某种程度上，利益结构固化使我们对化解产能过剩的关注超过了对城镇化自身规律的考量，这是深化改革的障碍。

近代城市化源于工业化阶段产业资本集中所催生的劳动力规模化需要。并且，工业的规模化、集约化、标准化等内在特性，决定了产业集群要和城市带叠加在一起。而农村本来"十里不同风"，农业本身主要的还是个自然过程。因此，强行用工业方式把农村和农业拽入工业化车道，就会派生出国际社会公认的教训，即"双重负外部性"：环境污染和不安全食品。

事实上，工业文明时代向生态文明时代转变的基本原因，就在于产业资本过剩导致全球市场竞争环境恶化。中国在未来数十年将更加受制于资源高度短缺、环境关系非常紧张的不利条件。因此，尤其要注意汲取其他国家的重大教训。如前所述，以巴西、印度为代表的发展中国家城市化之路，其特征是"空间平移，集中贫困"，各地农村贫困人口移入大城市，造成贫民窟中的黄赌毒泛滥，且难以使用这些贫困劳动力推进"劳动密集型"制造业。

因此，城乡一体化原则下的新型城镇化，绝非简单地看城市增加多少人口。国家更不能任由短视的城市资本下乡去占领作为中国历次危机软着陆载体的农村，而要在产能过剩、内需不足矛盾下开展以人为本的城镇化建设，进一步深化改革。中央已经给出了一些指导性的政策原则，比如，按照城乡统筹原则给农民以平等待遇，以优惠政策重点扶持城乡居民在城镇创业，更加强调乡村可持续发展，把提高农民组织化作为改善地方治理的基础，等等。我们始终应记住，改革，才是新型城镇化的真正动力。

请大家理解，县域经济与新型城镇化战略是化解当前经济危机的一个重要抓手，也是一个走向生态文明的重要抓手。注意厘清概念，中央确定的战略是城镇化而不是城市化。

思考 **6**

"新六产"是繁荣农村经济的重要途径

POJU
XIANGCUN
ZHENXING

乡村振兴的"产业兴旺"要发展的是"新六产",泛指农村经济多元化。这是新农村建设国家战略提出以来我们给出的概念创新。其之所以"新",在于与日本曾经提到的"农业六次产业"有所不同。我们提出中国特色农业的"六产化"除了有约定俗成的"一二三产融合"之外,还要包括第四产业"生命健康"、第五产业"教育文化"和第六产业"历史传承"。这些观点在我们团队撰写的《从农业1.0到农业4.0》一书中有完整论述。

我们针对的主要趋势性问题,是过去工业化阶段把农业作为第一产业所派生的"粗放数量型发展"——以工业化方式改造农业,强调大规模集中土地等农业资源,势必演变为化学化和物种单一化对资源环境的破坏。

我们强调"新六产"派生的、符合国家生态文明战略的"正外部性"。传统农户的兼业化多种经营本身就因"种养兼业"和"套种兼做"等农业文化遗产而有效地消除了环境污染,而且农村经济历史上就因多元化而使乡土社会大量吸纳能工巧匠从而起到劳动力蓄水池的作用,有利于社会的长期稳定。

党中央在2007年十七大提出生态文明的指导思想之后,于2008年的十七届三中全会确立了到2020年实现"两型农业(资源节约、环境友好)"的目标。但农业化学化带来"第一产业"的产量增加的同时,所造成的资源枯竭、环境污染等负面影响也在恶化。面对这个趋势,2017年党的十九大在提出乡村振兴战略的同时,针对性地提出了"农业供给侧改革",要求向"绿色生产方式"转型。这些战略性要求,都与农村经济多元化密切相关。2018年3月8日,习近平总书记在参加十三届全国人大一次会议山东代表团审议时强调,要推动乡村产业振兴,紧紧围绕发展现代农业,围绕农村一二三产业融合发展,构建乡村产业体系,实现产业兴旺。也就是说乡村产业体系越健全,农民增收渠道就越通畅。要整体谋划农业产业体系,以农业供给侧结构性改革为主线,着眼推进产业链、价值链建设,推动一二三产业融合发展,实现一产强、二产优、三产活,推动农业生产全环节升级,加快形成从田间到餐桌的现代农业全产业链格局,形成一二三产业融合发展的现代农业产业体系,才能繁荣农村经济。

一、中国万年农耕文明从来不是单一农业产业形态

我国的农业,从本质上看,是一种"三生"农业,即生产生活生态紧密结合的产业形态。上万年以来,人们都是以一定的资源禀赋决定的生态和环境条件来形成一定的生活方式,并且是为了维持这种生活方式而开展相应的多元化的农业生产活动。在这种基础上形成的农耕文明的历史传承,其内涵也绝非是作为"第一产业"的那种单一品类规模化的农业生产形态。我国农耕文明被作为"第一产业",是进入工业化,特别是20世纪50年代中期照搬苏联推进"全盘苏化"以来的产物,后来在20世纪90年代照搬美国的大潮中得以强化。

古代中国农业社会的经济模式成型于"水利",例如北方的"井田"和南方的"圩田"。由于需要参与维护渠系道路等公共设施,所以形成了由自给自足的小农户经济聚落村社构成的"守望

相助"的乡土社会。人多地少的社会条件，决定了乡村将土地分成小块，由农户单独耕种的原生农业模式。而各家各户的小块土地，则承载了农民的生产功能、生态功能、保障功能、生活空间。在这种社会条件下，"耕者有其田"，成为了中国农民的最大要求，并作为儒家文化的重要内涵，被长期传承下来。

在小农经济模式下，体现户内合理分工的"男耕女织"作为中国农民的主要生存理性，已经成为了乡土中国的人文底蕴。在自然经济的支配下，历史上农业和手工业就紧密地结合在一起，无论是自耕农还是佃农，都是"兼业化"的既耕且织，延续着小农村社百业兴旺的多元经济。正如马克思在《资本论》中所述："在印度和中国，生产方式的广阔基础，是由小农家和家内工业的统一形成。"

在历史发展过程中，虽然出现了土地兼并等现象，但历代农民起义，无一不提出"均田地"的要求，如明末农民起义中出现的"均田免赋"思想、清末太平天国运动中颁布的《天朝田亩制度》等；历代统治者改革，也都是围绕"重农"的主题，根据各个时期的社会发展情况，制定推行种种鼓励耕织的措施，进一步保护小农经济，如宋代王安石变法中推行的"青苗法""方田均税法"，明代张居正实施的"一条鞭法"，清朝政府的"摊丁入亩"等政策。

以这种小农村社多元经济结构为特点的自然经济，促使古代农业思想形成了两方面的内容，其一是对于"倒茬轮作""套种兼做""种养结合"等多样化的农业技术的总结，其二是形成了"天人合一"的朴素生态价值观。在种植业、畜牧业、手工业等领域，也涌现出了一大批领先于当时世界发展水平的农学著作。如北魏贾思勰的《齐民要术》，系统地总结了6世纪以前黄河中下游地区劳动人民农牧业生产经验、食品的加工与贮藏、野生植物的利用，以及治荒的方法等，而明代徐光启的《农政全书》，更是基本上囊括了中国明代农业生产和人民生活的各个方面，是总结农政措施和农业技术方面著作的集大成者。

在生态价值观方面，形成以尊重自然为核心的"天人合一"的理念。孟子曰："不违农时，谷不可胜食也；数罟不入洿池，鱼鳖不可胜食也；斧斤以时入山林，材木不可胜用也。"[①]体现了"适应农时"的可持续发展理念。荀子曾提出"天有其时，地有其财，人有其治；夫是为之能参"。[②]主张生产实践需尽人力认识自然，掌握规律，做到"天时地利人和"。这些思想的涌现，跟古代农业社会中人们对自然多方面的适应与探索是分不开的。

民以食为天，农业从来都是一个国家发展的重要基础。而时代走到工业化阶段，农业趋于以现代工业化方式加以改造来追求大规模量产。于是，大多数国家都把农业纳入"第一产业"，要求以现代化学（化肥、农药、除草剂等）、物理学（机械）、生物学（转基因）等科学技术作为第一产业发展的动力。这当然提升了第一产业的发展效率，农民可以不断追加"资本品"而用更少的劳动力种出更多的粮食或其他农产品，投资者收益自然会增多，可这在人多地少的中国并不意味着体现了经济理性——大量研究表

---

① 出自《孟子·梁惠王上》，大意是说，只要不违背农时、耽误百姓耕种，粮食就吃不完；不用细密的网在池塘里捕捞，鱼鳖就吃不完；按照时令采伐林木，木材就用不完。
② 出自《荀子·天论》，这句话意思是：天有时令变化，地有丰富资源，人能治理并利用天时地利，这就叫做能与天地相配合。

明，劳动生产率提高的同时土地产出率下降，何况"资本品"不断追加造成农业成本上涨和市场竞争力下降，一旦没有政府补贴则成本暴露碍难维持。可见，单单发展第一产业的农业并不是乡村振兴战略要求的"产业兴旺"。

历史地看，乡村本来就是"百业兴旺"，农民并不是非得种地不可。农村长期是庙会村集带动着"五行八作"的兴旺发达，例如泥瓦匠、木匠、裁缝，还有铁匠、补锅的手艺人，难道不是农民吗？所以，农民其实不只是农业、林业和畜牧业等第一产业生产者，从万年中国农耕文明开始，农民从来就是"百业"生产者。现在有些专家照搬教科书的理论，非要农村经济搞专业化，农民就只是种地，工人就只从事工业，这并不合适。

我们认为，把农业作为第一产业，其实是西方殖民化后期才有的说法。实际上，那些外来殖民者把殖民地上的原住民消灭，抢占了土地资源，用掠夺来的奴隶做工，就有了殖民地专门为宗主国提供规模化的原材料的大农场农业，才得以进入工业生产，于是宗主国就强调农业是第一产业的说法。这种殖民地的奴隶主能叫做农民吗？应该看到，在西方的殖民化进程中形成的所谓第一产业，其经济主体被叫做农场主（farmer）。

中国要推进乡村振兴战略，不仅要关注被称为第一产业的农业发展问题，还更应关注如何利用乡村的空间生态资源，最大程度地发挥其"生态产业化和产业生态化"的比较优势，才能让广大农民致富。

二、百业兴旺是农村经济的普遍现象

以我们团队多次实地调研获得的关于陕西关中平原的袁家村的情况作为案例，可以说明多业态的多元经济具有比较优势。

据调查，袁家村原本只是一个坐落在干旱盐碱地上的贫瘠的、不到300人的小村子，虽然曾经在"农业学大寨"运动中成为艰苦奋斗的典型，也有过乡镇企业阶段的富裕经历，但随着20世纪90年代农村工业化的命运多舛与改制，袁家村失去辉煌，成为与多数农村类似的"空心村"——在村人口大都是留在村子里的老人和小孩。

而从2005年新农村建设战略开始到现在，袁家村贯彻"中小企业+城镇化"的新政精神，推出"关中作坊文化"，带动了"沉浸式体验"的小吃街发展，已经有1000多人在袁家村投资、开店、做生意，吸纳了周边村民及外地约3000多人就业，本村人均年纯收入上升为7.5万元。这主要得益于每年村子里接纳五百万以"吃客"为主的游客，且"吃客"人数呈逐年上升的趋势，带动了衣、食、住、行各项产业。虽然袁家村不是靠种地富起来的，但他们的需求带动了周边村子乃至外地的农林畜牧发展。

陕西关中拥有深厚的文化底蕴，极具地域特色，村子以独特的关中饮食、关中建筑、关中民俗为依托，打造独特的民俗文化。游客到达这里时，能吃到风味特别的关中小吃，观赏具有乡土特色的关中建筑，体验诸如秦腔、皮影、弦板腔、风箱音乐等关中民俗艺术文化。而旅游餐饮等业态的发展也正是关中特色乡土文化的振兴，从而推动百业兴旺。

袁家村借助关中作坊文化带动餐饮旅游业的多业态经营管理模式也值得借鉴。一方面，该村饮食、住宿、艺术表演等每个发展模块都有不同的公司化管理机构；另一方面，全体村民都是村集体的股东，村民股东与业户们以分类组建的合作社共同入股去外地拓展项目，才能在创新发展中达到共同富裕的目的。

袁家村的成功之处在于能充分挖掘本地化的作坊文化特色，并以此为"卖点"来吸引各地的游客，而这种挖掘又是精细的、用心的。例如，一条小吃街有50家店，就得有50种小吃，锅盔、豆腐脑、炸麻花……村民各自认领一种小吃，如果遇到几家同时报名，那就得看哪家小吃做得好，尽可能不重样；在民俗的构造上，一砖一瓦都要体现当地的地域特色，让游客能切身体验到融入当地民俗文化中。

曾经，我们也有过这样多元化农村发展的成功经验。

以村为单位的多元经济发展是从20世纪70年代以"社队企业"名义兴起的，到1984年"中央四号文件"正式提出发展乡镇企业的概念，并且给予必要的政策优惠，再到20世纪90年代初，在长三角和珠三角地区，乡镇企业已经在GDP中"三分天下有其一"。"八五时期"，乡镇企业的增加值年均增长高达42%，创造了为国有工业1.33倍的增加值、1.49倍的利润、1.51倍的总资产利税率的增长奇迹；吸收了农业剩余劳动力达1.3亿人，支撑起我国国民经济和整个社会经济生活的"半壁江山"。[①]

1978年全国社会总产值6848亿元，1992年上升到54825亿元，

[①] 张龙文：《乡镇企业的贡献与发展》，《中南财经政法大学学报》1998年第21期，第10—11页。

乡镇企业总产值增加额占全国社会总产值增加额的35.6%。乡镇工业是乡镇企业的主体，1978年与1992年相比，乡镇工业产值增加12291.2亿元，占同期全国工业总产值增加额的37.7%。[①]顶峰时期，乡村工业产值占到中国工业增加值一半以上。

中国长期实行以传统重工业为主体的工业化战略，但由此派生的城乡二元体制却将占人口绝大多数的农民隔离在这种工业化进程之外。同时，由于工农产品价格剪刀差的存在，使农村经济被动地服务于城市经济，城乡差距日益扩大。改革开放后，农村获得了较为完整的经营自主权。同时，由于国家优先发展重工业，在满足人民生活消费需求的轻工业方面，留下了巨大的发展空白，这也给了乡镇企业以劳动密集型工业为基础的发展空间。

除了经济效益，乡镇企业的发展还为制度的变革发展作出了贡献。在中国经济几十年的制度变革中，从模仿家庭承包责任制的厂长承包责任制，到实行股份制和股份制企业改革，乡镇企业也在开展着自下而上的制度创新。

从20世纪80年代后期到90年代初期，乡镇企业改革参照了农村大包干的经验。中国第一个股份合作制企业不出现在城市，而是出现在1984年全面推进大包干的农村——山东省淄博市周村区长行村。作为一个城郊村，长行村当年有着几百万工业固定资产。村干部带领全村老百姓讨论决定：像各村的农民按每户人口平均分地一样，根据劳动农民的年龄、贡献、职务作股，将集体企业的固定资产折股到每一个社员头上，这就是乡镇企业最初的"股

---

① 李炳坤：《乡镇企业改革开放十五年的历程回顾与前景展望》，《管理世界》1993年第5期，第162—171+226页。

份合作制"。这种做法在今后的十几年中，被各地集体化社区和乡镇集体企业纷纷效仿。

乡镇企业的异军突起，还产生了深刻的社会影响。发展乡镇企业，吸纳了1.2亿农村劳动力，[①]并且大大降低了国家财政对农村的支出。[②]当时在乡镇企业就业的农民早起干一点农活，到了上班时间再去工厂上班，下午下班以后还能回家进行农活。在这样"离土不离乡、进厂不进城"地发展了几十年之后，不仅农民现金收入增长连续四年高于城市居民，还有效地避免了后来趋于严重的农村地区留守老人、儿童的社会问题。

这种多产业结构的农村经济，为我国创造了大量外汇，有效支撑了国家应对海外债务压力。改革开放过程中，为了求技术、求设备，中央需要大量外汇，而农村的乡镇企业促进了创汇经济。后来，在江浙、广东等沿海地区形成了电子、服装等产业集群，都成为当时以及加入世界贸易组织之后的中国出口创汇的重要力量。

三、"新六产"使乡村获得外部产业收益

习近平总书记考察过的成都市战旗村，是国家级的乡村振兴示范村，虽说是做足了土地的文章，但主要推行"一二三产融合

---

① 陈锡文：《必须充分认识乡镇企业在我国现阶段的特殊作用》，《乡镇企业科技》2001年第7期，第4—5页。

② 李炳坤：《乡镇企业改革开放十五年的历程回顾与前景展望》，《管理世界》1993年第5期，第162—171+226页。

发展",而不是靠第一产业搞规模化种植实现产业兴旺的。[1]

2006年,战旗村抓住成都市统筹城乡战略契机,通过流转600亩土地获取300万元,用这笔钱完善基础设施成立蔬菜专业合作社,引进榕珍菌业、妈妈农庄等企业解决村民就业问题,同时自主开发运营没有流转出去的土地。2007年,战旗村开始进行土地综合整治,运用土地增减挂钩政策,通过土地整理节约出208亩建设用地,实现了土地变性收益。2015年,战旗村抓住农村集体经营性建设用地入市改革的机遇,成功敲响全省集体经营性建设用地入市"第一槌",引资7000万元打造商业综合体,建成"乡村十八坊商业街",通过三产获利实现了"资源变资本、资金变股金、农民变股民"的财产关系转变。所以,单纯靠第一产业是"种"不出乡村振兴的!

我国的农业从来不是孤立的第一产业,不能就农业谈农业。目前来看,一产化(规模化方式)或二产化(工业化方式)农业的思路已难以为继,必须将"新六产"思维创新运用到农村发展之中。今天的乡村振兴,不是简单地用农业产业化的方式来搞乡村的产业兴旺,而是要在城乡融合战略下按照中央文件提出的"鼓励市民下乡与农民联合创业"促进多样的社会参与来形成一二三产融合,甚至六产融合发展。

农业"新六产"最早源自日本学者提出的"六次产业"理论,[2]

---

[1] 我们科研团队与成都市郫都区战旗村进行了深入合作,对战旗村发展历史进行了深入解析,并出版图书《一个村庄的奋斗:1965—2020》(董晓丹著,北京大学出版社2021年第一版)。

[2] 农业"新六产"概念可追溯到日本学者今村奈良臣于1996年以振兴日本农业与农村、改变农业发展前景为目标而提出的"六次产业"概念。

即将一产的一份收入，经过二产加工增值成为两份收入，再通过三产的营销服务形成三倍收益，综合起来就增值为六份收入，产生三产相加"1+2+3=6"或"1×2×3=6"的乘数效应。我国发展"新六产"，要重点发挥好产业链相加、价值链相乘的产业优势。

案例 7

"滋农游学"的"六产"收益

"滋农游学"这个品牌是新乡村建设运动参与者张琪创立的乡村自然游学服务平台，由游学、民宿、农产品、农村金融四大业务板块构成，旨在通过挖掘和设计游学课程，让用户可以感受乡村自然文化生活，进而深度体验不同地域的地理、文化、美食和手工艺，达到学习目的的游学模式。平台共经营两个具有在地特色的中小学研学教育基地，在福建、浙江、四川等地提供特色文化村的游学活动。

滋农游学团队在福建泉州永春县花石社区流转40亩地。其中30亩地种水稻，留10亩用于劳动体验（堆肥、种玉米等）。这个项目获得了三重收益：

第一重收益：预售稻米收益。一斤稻米6元，预计亩产500斤，一亩稻米预售收入3000元，一季水稻预售可得90000元，二季水稻预售可得180000元。此收益刚好覆盖种植成本（地租、人工费)。

第二重收益:稻田鸭销售收益。一亩稻田可养殖鸭子20只,重3斤,按一斤30元算,一只90元。30亩稻田一年两季可养1200只。效益是108000元。如果自己开发餐饮,稻田鸭收益会更多。

第三重收益:研学收益。花石社区一年的客流是15万人次,游学团队接待的付费团预计有1万人次,平均一个人消费100元,总计有100万元收入。

经过环境治理美化了乡村居住环境,改变了乡村的面子。稻鸭共生与发酵床养鸡创新了农业发展路径,既解决了养殖脏乱差的问题,又提高了农业的综合收益。引入运营团队,培育乡村创客,给村庄带来了新的理念和活力,充实了乡村的里子。两者结合初步完成了低碳乡村的建设工作,也取得了年吸引游客30万人次的骄人成绩。

资料来源:根据"滋农游学"提供资料整理。

按照2017年"中央一号文件"的分析,目前,我国农业出现了结构性过剩现象,并且由于农业成本较高等原因,造成农业价值严重边缘化。为此,中央提出了农业供给侧改革,其核心是指通过自身的努力调整,让农民生产出的产品,包括质量和数量,符合消费者的需求,实现产地与消费地的无缝对接。这其中不可避免地涉及了产业融合的概念。

产业融合既不是单纯地用工业化方式改造农业或加工农产品,也不是粗俗地用乡村的旅游资源换城市的旅游人群,以牺牲生态的代价发展经济。要实现多业态发展和产业融合，必须将产业生态化和生态产业化的布局有机地结合起来，激发农村地区的生态价值发展活力。

当前乡村大部分生态资源还尚未实现价值化，存在巨大投资空间和较高投资价值，尤其是现在生态经济、体验经济蔚然成风，是乡村经济多元化发展的很好的机遇期。比如随着城市化的推进，城市人群反而更加追求清洁干净的水、土壤、空气和向往宁静健康的农村生态生活，实质上是这种愈来愈强的现实需要，让乡土社会"生态产业化、产业生态化"成为有价值的投资领域。

产业融合的关键，还在于要贯彻中央提出的城乡统筹战略，注重要素市场的统一，打通社会参与乡村发展的制度路径，把社会参与式的创新能力引入"三农"领域，以创新发展破解治理难题。尤其是2019年中央"一号文件"提出"三变改革"发展合作社来重构新型集体经济的政策以来，各地多元化的业态创新已经非常普遍。我们在各地与农民联合开展了多种形式的业态创新，包括使用可回收建材，以不造成任何建筑污染的形式做乡村土建筑、开展文化活动，推进市民参与式的社会化农业、志愿者下乡做民宿开发等。总之，要满足农民作为乡村主体的需要，要从农民的需要出发推动乡村复兴。

四、县域经济发展亟须金融创新

县域经济作为我国2005年确立的新农村建设战略和2017年确

立的乡村振兴战略中的主要经济领域,受到各方面的高度关注。

20世纪80年代推进改革开放以来,发展县域经济一直都占据重要地位,当前也是"十四五"规划关于统筹城乡发展,实现城乡一体化所要求的必经之路,其在实施乡村振兴战略中的重要作用,在于中央强调的"把产业留在县域"让农民获得更多的产业增值收益。2022年中央"一号文件"也提到,统筹布局县域经济,由"三位一体"的综合性合作社进行"三产融合"运作。要依托乡村特色优势资源,打造农业全产业链,把产业链主体留在县域,让农民更多分享产业增值收益。

我们认为,发展县域经济需要注意以下三点:

一是活化县域经济,关键在于激活沉淀资产。要把农村中的资源性资产变成集体经济管理、入股或租赁给合作社及社会企业运作,首先得实现"资金变股金,资源变资产,村民变股东"的"三变"改革。以习近平总书记考察过的四川成都战旗村为例,该村集体经济保有资产约4000多万元,其中一半左右来源于上级对本村的投资。村集体将上级投资形成的设施性资产当作股金,本村的生态资源变作村内成员占股的资产,使所有村民都参与收益分配。至此,通过"三变"改革,整个战旗村形成了一个拥有4000多万元资产的规模以上企业,并得以作为主体参与市场活动。战旗村书记高德敏曾对我们讲,他在对外谈判中从来不觉得自己低人一等,村里的资产算下来有4000多万元,对外谈判是有底气的。

战旗村的例子不是个案,很多县都下设着几百个村,国家自2005年以来的持续投入已经在乡村形成了巨大的存量资产,如果认真改制，做成类似战旗村这样的公司化的村集体经济，则可把过去不纳入GDP统计的农村各类经济活动直接由公司入账，县域经济的产业兴旺就有了很扎实的基础。

二是发展县域经济，需要注重构建新型集体经济。所谓新型，在于这是以股份为原则，保护农民个人产权的集体经济，它不剥夺任何个人财产权。

山水田林湖草沙，乡村生态资源的产权边界一般都跟村域的地缘边界重合，要想体现生态资源的公共性和在地化，即"空间资源开发的正义性"，就不能拉大资源开发上的基尼系数，就得在资源开发之前先做重构新型集体经济的制度创新，让新型集体经济代表本村全体成员的村域资源权利，来做统筹开发，产生的收益主要用于对全体村民的分配，这样才能真正做到让农民共享县域经济收益。

三是必须进行金融创新，对外部资本利益做综合改革。即针对资源要素及收益流失的原因，进行相应的县乡村三级联合的乡村建设行动，进行全域的、多业态的、质量效益型的市场体系建设。其中，以县为单位的全域空间生态资源开发就是这个生态经济体系在地化的主体内容。

同时，发展县域经济要做好"金融下乡"。过去有人认为农村土地不能自由买卖，生产资料不是完全市场化的，所以即便是金融下乡了也无法开展抵押借贷，只能做信用借贷；而信用借贷就只能搞小额，很难让大量资金下乡，因而每年中央"一号文件"都一而再、再而三地强调要做好金融创新。

近年来，中央文件多次提到要把期货、保险与地方政府财政支农责任结合在一起，比如通过保单可以要求银行做抵押贷款，各地也做了努力；但是因为一般商业银行的基层支行只设在县这一级，即使村级经济主体获取了保单，银行资金也下不了乡。而县支行这一级则要面对一两百个村和十万个以上农民经济主体，客观上普遍存在着"信息不对称"造成的"交易费用陷阱"。既然银行无法获取到完整的信息，即使有可处置的物业资产也无法做抵押品，即使接受村内资产，实际上也无法做押品处置；何况农村大量资产属于"非标性"，这就需要县市区级政府统一协调，使用多种金融工具嵌套，多机构分享信息，还得代村集体承担重资产投入的风险，没有资本积累能力的普通农民才能在向村集体项目投入劳动的同时，0风险地获取"风险投资"收益。

当前，很多地方都在积极做好金融创新，解决金融下乡的难题。

案例 8

陕西省留坝县成立"两山生态资源资产有限公司"

地处秦岭腹地的留坝县，森林覆盖率达91.23%，林木绿化率高达92.97%，出境水质始终保持II类标准，素有"绿色宝库""天然氧吧"之美誉。坐拥如此丰富的生态资源，如何转化为经济发展优势？2021年8月，"两山生态资源有限公司"以下简称"两山公司"在留坝县正式挂牌营业。截至2022年8月，留坝县"两山公司"已运营一年时间，累计授信15亿元，吸引直接新投资20.59亿元，撬动社会资本21.8亿元，"两山银行"实现了生态资源向资产、资本的有效转化。

1. 如何对县域内生态资源定价？

该县生态资源数量大、品类多，通过对县域内闲置国有资产、闲置宅基地、农户腾退房、集体建设用地、耕地、林地等资源资产进行摸底、评估、确权、收储，精准掌握全县生态资源资产底数，共摸排登记资源资产4357处，整合"资源包"180个，将分散的资源资产向县、镇"两山公司"流转集中，分级形成"资产池"，由县"两山公司"统一管控、开发，推动"资源变资产、资金变股金、农民变股东"。

依托信息、网络、数字等现代科学技术，该县搭建起生态资源资产大数据平台。通过专业化的整合、提升、包装，将各类碎片化资源资产精准打包成可计价、可交易、可融资的产品，并运用大数据平台实现管理、开发，进而开展数字招商。该县10万亩国家储备林基地、秦岭宿集、同仁堂健康产业、火烧店、帐篷酒店等一批实体企业和生态项目相继落地，以"留坝香菇""留坝蜂蜜""留坝西洋参"等地理标志公用品牌为核心的产品研发基地和成果转化中心先后启用。

2. 生态资源如何变现？

留坝县"两山公司"联合当地金融中心、银行、担保机构进行金融创新，建立增信体系，对生态资源主体的经营权、生产资料等进行了金融赋能，以担保、优先处置等形式，为主体增信，打通了生态经营主体融资贷款的堵点。紫柏街道办事处小留坝村通过"两山公司"引入市资信担保公司担保并提供反担保的方式，以集体建设用地和闲置房屋为核心资产实现融资260万元。一年来，留坝"两山公司"已累计授信15亿元。

3. 生态红利如何增值？

该县采取"认购者+两山公司+村合作社+农户"的模式，在全县范围内积极开展"购米（参）包地·唤醒沉睡土地"活动，以400亩生态水稻、200亩林下西洋参为认购地块，留坝两山公司与留坝县村级股份经济合作社签订农田承包、耕种与产品收购订单，村级股份经济合作社组织农户对认购农田进行耕种，所产出的农产品全部交由两山公司统一管理、统一加工、按村核算统一分配。活动开展以来，吸引560余人参与认购，累计带动当地农户新增种植生态稻米、林下西洋参230余亩，恢复撂荒地363亩、退林还耕100亩。

资料来源：根据团队近年赴陕西留坝县调研所获资料整理而成。

思考 **7**

疫情防控为乡村善治提供了新契机

POJU
XIANGCUN
ZHENXING

"大疫止于村野。"根据过去的经验，传染病疫情大多集中爆发在生态资源贫乏而人口过于集中的大城市，但这个压力却反过来促进了市民下乡，既能带动乡村的生态资源价值化实现，也为推进乡村善治提供了契机。

事实上，无论是2003年的"非典"疫情还是2020年的新冠肺炎疫情，都会看到一个普遍性的现象：疫情不下乡！我们认为，只要发挥那种保留了自然资源多样性的乡村环境的作用，就能够低成本地防疫，而那些没有生态多样性的城中村，则比城市更容易成为疫情重灾区！

2020年，新冠病毒突袭人类，一场规模空前的遭遇战不期而至。在党中央领导下，全国上下一盘棋，共赴这场人民战争、总体战、阻击战。疫情发生以来，我们与时间赛跑，与病魔抗争，比起其他国家，2020年第一轮及2021年第二轮疫情，都没有向"缺医少药"、疫情防控条件最差的乡村蔓延，使疫情在我国得到有效控制。这不仅充分彰显了中国特色社会主义制度的巨大优势，也实际上表明了加强乡村振兴对应对突发事件的"压舱石"意义，同时，疫情防控的这个过程，也为乡村治理提供了一个契机。

一、大疫止于村野：世界最低成本的防疫体系

西方世界对中国抗疫过程一直都有怀疑和批评，因为批评和质疑太过强烈，反而把中国真实的抗疫经验掩盖了。

在防疫战斗的过程中，最低成本的防疫战场是乡土中国。如

果按户籍人口计算，我国大约有60%左右的人口是农村人口，其中跨省进城打工人员占乡村外出人口的大约60%。也就是说，2020年疫情期间（恰值春节时候），打工者回乡居多，初算3亿左右的打工者中有1.6亿人是出省的，还有1.2亿人留在本省，几亿人流动使乡村变成了防疫工作的主战场。一个现实情况是，中国农村缺医少药，在村医生很少，符合防疫条件的卫生所几乎没有。在防疫资源短缺的情况下，竟能够让疫情止步于村野——虽然农村抗疫能力是最弱的，但是农村发生的疫情程度却是最轻的。

据对2020年第一轮疫情发生以来的统计，阻止新冠肺炎疫情在武汉这个城市的传播，就需要花几千亿元人民币，成本是非常高昂的。但在总结中国抗疫经验的时候，还需要关注农村是如何防疫的。大家只关注农村的"封村断路"和村干部们比较诙谐的政策宣讲。其实我们更应该关注的是"大疫止于村野"——与上次"非典"肺炎疫情一样，每当中国面临重大危机，乡村都是危机软着陆的重要载体，如同这次疫情危机，只有乡村可以以最低成本实现对疫情的群防群控。

"封村断路"只不过是一个表面看得到的手段，真实的原因是乡土社会到目前为止还仍然可以有自给自足的条件。在福建的一个山村，疫情初期开始封村的时候，城市里似乎发生了抢购事件，大家都在担心吃饭怎么办、生活必需品怎么办？但实际上，在村里生活不用去抢购。粮食和蔬菜是自己种的，畜禽是自己养的，冬春季蔬菜跟不上的时候，房前的野菜和屋后的竹笋都够吃几天。所以，基本生活不成问题。再加上近年来中央加大"三农"投入，基本实现了"五通"进村，有条件的市民纷纷下乡跟农民联合创业，越来越多的城乡融合也在某种程度上成为中国此次防疫成本相对比较低的内在因素。

乡土中国的疫情发病率低，死亡率更低，很大程度上是因为大多数外出务工人口有家可回、有村可回、有故乡可回；这也就是当年习近平总书记提出的"美丽乡村"，要"看得见山、看得见水、记得住乡愁"，这才是大疫止于村野的基础，是中国最重要的防疫经验。

二、构建三级乡村治理体系[①]

回顾历史，建之于小农村社制内部的乡村自治自清末民初以来在百年工业化、城市化进程中逐渐衰变，迄今为止的国家政权建设过程中，对"三农"与"三治"（县治、乡治、村治）问题向无良策，遂使其长期困扰中国精神文明和政治文明进程。

放眼全球，凡属"后发内生型"追求工业化的发展中国家，客观上由于既不再具有像西方那种直接向海外转嫁矛盾的条件，又都得要从"三农"提取剩余才能进入资本原始积累，于是，只要是明眼人就会看到，越是上层建筑方面照搬西方程度高的后发国家，就越是不得不在这种政府治理与传统小农之间交易成本过高造成的负外部性制度陷阱中痛苦得难以自拔，无论其理念相对于其国情是否具有普世价值。

---

① 本节内容根据团队出版的著作《"三农"与"三治"》，及近年来在人民日报、农民日报发表的《进一步完善城乡基层治理》《在疫情防控实践中提高乡村治理效能》等文章整理。

据此，中国农村"三治"问题才既是近代以来的百年难题，也与其他大多数发展中国家的社会关系高度紧张具有一定程度的本质不同。任何在乡土中国构建制度的努力，都必须考虑上下层文化，即正规制度与乡土文化之间，怎样才能最大相容或最小冲突。也因此，在数千年的小农村社制的灌溉农业文明之中内生的"中央化"集中体制，概由低成本地维持乡村自治才得以形成"稳态结构"基础，这一改革之初被认为是负面的制度经验，今天或许值得重新审视。

综上，我们讨论的很可能是在乡土中国语境中理解马克思主义基本理论的一个难点：在高度分散、剩余过少的小农经济基础短期内难以根本上有效改变的制约条件下，到底是"低成本"地重新构建农村上层建筑，还是继续维持运行成本和交易费用已经过高的现代上层建筑？

无论认同何种理论，面对农村治理局面都不能再局限于理论问题的争论，而更要直面现实中的"世纪难题"——包括政府在内的任何外部主体都遇到的与分散农民之间交易费用过高所导致的制度成本问题！

这次疫情防控给我们带来了机遇。众所周知，县以下乡村防控的主体是基层干部群众，这对乡村治理来说更是一次大考。值得庆幸的是，农村抗疫过程中乡土社会的优势得以发挥，有效阻断了乡村疫情蔓延。且在很多地方因基层干部积极入户发动群众参与疫情防控，而出现了多元互动的乡村善治局面：基层干部、群众、社会组织被充分调动了起来，一些地方还形成了"村自为战"的自主创新的疫情防控模式。有鉴于此，应重视当前一些地方形成的有效治理局面,并以此为契机提升乡村治理效能。

建议从以下几个方面着力:

首先,对于村(社区),必须提高农村组织化程度,重构社区内部治理格局。近年来,体现各级政府"善意"的农村民生政策陆续出台,但往往难以落地成为政府"善治",主要原因就是外部主体与分散小农之间的交易费用过高。症结所在就是农村组织化程度较低,因此必须提升组织化程度,才能做到"一号文件"要求的村庄自我管理、自我服务、自我教育、自我监督。一要重塑村集体主体性,建强基层党组织这个核心,持续整顿软弱涣散的村党组织,发挥党组织在农村各种组织中的领导作用,壮大村集体力量,提高农民向心力。二要支持引导社会组织发展,克服以政府为主的一元化管理所存在的弊端,要对农村各种社会组织加大培育扶持力度,对于老年协会、乡村文艺队、志愿者协会等公益性组织可以考虑地方财政以专项资金形式支持其开展相关活动,对于可以向社会企业转型的社会组织应予以扶持和规范性引导,增强其为当地服务的能力。最后,珍惜当前因疫情防控形成的协同治理局面,构建"一核多元"的社区治理格局,以基层党组织为核心,充分发挥各种社会组织的治理作用。

其次,对于县治,必须树立基层工作导向。2020年中央"一号文件"指出县级是乡村治理的"一线指挥部",明确提出要建立县级领导干部和县直部门主要负责人包村制度,就是为了让县级强化大抓基层的工作导向。有条件的县建议设立基层治理的专门机构,既可以加强统筹,又可以避免部门条块分割。据实地调研,四川省委、成都市委已设立基层治理专门机构,并取得了不错效果。

最后，对于乡治，关键在于实现规模收益和提升公共服务。乡镇是实现规模收益的主要层级和上下联动的重要衔接，但现实中往往疲于应付各种检查和报数据而导致难以聚焦主业。因此，乡镇一方面要为各种社会能量提供开放场域、不断提升公共服务水平；另一方面，要通过打造结构相对完整的产业链条，把收益留在域内，同时保持内部的低成本治理。

案例 9

创新城乡社区治理体制机制的成都探索

作为国家治理体系的重要组成部分，社区治理是社会治理的基础平台、基本单元，也是重要突破口。社区治理也被日益重视，2017年6月，中国出台了第一个国家层面的关于城乡社区治理的文件——《中共中央国务院关于加强和完善城乡社区治理的意见》，其意义重大。《意见》指出城乡社区是社会治理的基本单元，城乡社区治理事关党和国家大政方针贯彻落实，事关居民群众切身利益，事关城乡基层和谐稳定发展。

近年来，成都从创新基层治理体制机制入手，成立市委城乡社区发展治理委员会，把城乡社区作为推动城市高质量发展和高效能治理的突破口，推动资源管理服务向基层下沉，让服务在居民家门口集成、风险在基层第一线化解、问题在城市末端解决、共识在社会基层凝聚，夯实了超大城市治理的城乡社区基础。这些探索为打赢新冠肺炎疫情防控阻击战发挥了重要作用，为进一步提升超大城市治理能力夯实了基础。

"上面千条线，下面一根针"是基层治理的真实写照，也是现实难题。据介绍，成都的解题思路是，市、县两级成立城乡社区发展治理委员会，统筹基层党建和基层治理工作，把分散在多个部门的职能、资源、政策等统筹起来，破解过去基层治理"九龙治水、条块分割、权责失衡、资源分散"等现实问题。

一是做加法。强化政策引领，形成以"城乡社区发展治理30条"为纲领的"1+6+N"政策制度体系和以城乡社区发展治理总体规划为核心的规划导则体系；强化资金保障，每年向村（社区）拨付17.7亿元社区发展治理专项资金。

二是做减法。实施《成都市社区发展治理促进条例》，建立起依法自治事项、协助行政事项和负面事项"三张清单"，撤并社区承担不合理事项46.8%。

三是补短板。市委社治委和市委政法委联合推动"一支队伍统管、一张网格统揽、一个平台统调、一套机制统筹"管理机制改革，整合各条线下沉的工作力量，解决镇（街道）统筹能力不足的问题。

四是赋能量。以智慧蓉城为基座，创新打造智慧社区治理生态，建设智慧社区主题数据库和综合信息平台，归集人口数据2473万条，开发具备信息处理和实时调度功能的"数据驾驶舱"，构建社区治理、服务、安全、发展、党建五大板块N类智慧应用场景。2018年上线的"天府市民云"APP，集成770项便民服务，截至2022年9月，注册用户达1200万人，累计服务市民超6亿人次。

在成都市委和市新型冠状病毒肺炎疫情防控指挥部的指挥下，成都市设立了社区疫情防控工作组，由市县两级城乡社区发展治理委员会牵头，统筹协调政法、卫健、民政、住建等部门，推进政策、资金、资源、服务等精准落地社区。

在一次次疫情大考中，从居家管理、物资保供到社区小区精准防控等，成都应急响应的快速有力，离不开平时的细水长流之功。

资料来源：根据团队在成都实地调研成果及成都市委社治委提供资料整理。

思考 **8**

城乡融合关键在于要素自由流动

POJU
XIANGCUN
ZHENXING

我们认为，城乡融合战略的现实意义在于两个方面：一是与"县域经济"中的"产业留在县域"，以及"新型城镇化"等政策密切结合，成为国家对乡村振兴战略五大内容做出的基础性调整；二是城乡融合对此前提出的"城乡统筹""城乡一体化"的修正升级，把过去以城市模式来覆盖乡村的所谓"一体化"升级为城乡两个市场的要素自由流动。

改革开放后，特别是党的十八大以来，在经历过城市化发展（城乡一体化）、城镇化发展、城乡统筹发展等不同的发展阶段后，我国在城乡融合的政策思想方面取得了显著的新进展，针对依然存在城乡要素流动不顺畅、公共资源配置不合理等影响城乡融合发展的体制机制障碍尚未根本消除的问题，作出有利于乡村发展的、有积极意义的政策调整。

为推动城乡进一步融合，2019年出台的《中共中央国务院关于建立健全城乡融合发展体制机制和政策体系的意见》中明确提出要"坚决破除体制机制弊端，促进城乡要素自由流动、平等交换和公共资源合理配置"，2021年出台的《中华人民共和国国民经济和社会发展第十四个五年规划和2035年远景目标纲要》提出要"建立健全城乡要素平等交换、双向流动政策体系，促进要素更多向乡村流动，增强农业农村发展活力"。党的二十大报告一脉相承，指出"坚持农业农村优先发展，坚持城乡融合发展，畅通城乡要素流动"。

作为一个人口和地理规模巨大的发展中国家，实现城乡融合发展的关键在于从体制机制上入手，改变农村要素单向流出格局，疏通城乡要素流通堵点，让土地、资金、劳动力等要素平等自由流动，鼓励形成城乡需求互补，要素双向流动的稳态循环系统。

一、新下乡运动：城市中等收入群体与乡村资源开发

我国长期处于城乡二元结构基本体制框架之下，过去70年经济高速发展所带来的金融资本和产业资本多数集中在城市，农村生产力三要素（土地、资金、劳动力）持续净流出，造成农业经济的衰败和农民收入的下降，城乡二元对立结构成为制约"三农"问题的一大基本矛盾。近年来，伴随经济社会发展和系列发展乡村政策的深入推进，城乡二元结构特征发生深刻变化，城乡融合发展正站在新阶段，面临着新机遇和新挑战。

（一）城市中等收入群体规模不断扩大

中等收入群体的概念最早起源于西方"中产阶层"，但二者有所不同。"中产阶层"是以社会关系为基础的结构性位置，界定的依据除了收入标准外，还包括财产规模、职业地位、教育层次、生活水平和消费能力等多个维度，是一个综合性概念。"中等收入群体"则是以经济资源为基础的等级性位置，将收入作为唯一的划分标准，把收入处在中间阶层的群体视为中等收入群体。关于中等收入群体的界定，学术界并没有统一标准。2019年1月21日，时任国家统计局局长宁吉喆曾在国新办新闻发布会上将中等收入群体界定为家庭年收入在10万元至50万元之间，有一定的购房、购车、闲暇旅游能力的群体。根据国家统计局测算，2017年中国

中等收入群体已经超过4亿人，占中国人口的30%，超过了美国的总人口（3.29亿人）。赵忠等根据2018年的中国家庭追踪调查（CFPS）数据，以城镇家庭人均可支配收入中位数的50%（含）以上和200%（含）以下作为中等收入群体的划分依据，测算出2018年我国中等收入群体人数超6亿人，从2010年至2018年，中等收入家庭的比例由16.2%上升至46.5%。[1]潘家华和魏后凯预测，从2010年到2025年，我国城市中产阶层规模将以每年2.3%的速度扩大。[2]总之，中国已形成全世界最大的中等收入群体。

（二）中等收入群体的崛起引发消费习惯变迁

中等收入群体主要集中于城市，普遍拥有较高的收入水平和科学文化素质，追求更高的生活品质。城市生活的快节奏、高负荷使他们迫切需要一些场所和活动来释放压力，城市扩张过程中出现的环境污染、交通拥堵和食品安全等问题使追求绿色主义导向、追求身心健康的消费理念，日益成为被中产群体热衷的新潮流。具体表现在以乡愁文化为核心、以生态环境为载体的乡村旅游显现出巨大的市场空间和发展潜力。《全国乡村旅游发展监测报告（2019年上半年）》显示，我国2019年上半年前往乡村旅游的人数高达15.1亿人次，带动消费0.86万亿元，解决了886万个就业岗位，乡村生态旅游产业蕴含巨大的市场空间。

---

[1] 李长安:《中等收入群体消费的新趋向》,《人民论坛》2021年第4期,第27—29页。
[2] 潘家华,魏后凯:《中国城市发展报告No.4——聚焦民生》,中国社会科学出版社2011年版。

（三）国家大量基础建设投资所形成的搭便车机会

针对城乡发展不平衡、不充分问题，2003年中央强调"三农"问题是全国经济工作的重中之重，2005年启动了新农村建设，2017年启动乡村振兴战略，至今已经投进去十几万亿，全国农村中98%以上的行政村实现了水电路气宽带"五通"，农村基础设施条件得到显著提高。一方面，国家基本建设大规模投资推动实体性资产大幅增值，农村过去所有不计价的资源型资产随之水涨船高。在20世纪90年代末期开始大规模投资以前，农民的地产只有10万亿左右，而这些年的投资已形成1300万亿元的设施性资产，资产大规模增值使得每一个拥有资产的人包括社会中下层的农民都获得了搭便车的机会。另一方面，国家大量基础建设投资也为农业4.0演化提供条件，为中等收入群体下乡投资创业降低了进入成本，返乡入乡创业就业规模不断扩大。据测算，2020年返乡入乡创业创新人员1010万，比上年增加160多万，首次超1000万，返乡入乡创业项目中60%以上具有创新因素，85%以上属于一二三产业融合类型，55%运用"互联网+"等新模式，带动投资和消费的增加。[①]据农业农村部监测，到2021年底，1120万人返乡入乡创业创新，70%是返乡创业农民工，创办项目80%以上是一二三产业融合发展项目，为农村带来了人气、增添了活力[②]。

总之，中等收入群体的崛起和国家对乡村的投入，极大改善

[①] 农业农村部官网：《乡村产业保持良好发展态势预计2020年返乡入乡创业创新人员达1010万》，http://www.moa.gov.cn/gbzwfwqjd/xxdt/202012/t20201229_6358988.htm。

[②] 《多地多部门稳就业再推新举措 农民工返乡就业创业机会多》，人民日报，2022年9月20日。

了长期以来中国特有的城乡二元结构，城乡要素价格比也为要素流通提供条件。在资金方面，农村由于现金流缺乏，立体空间生态资产价值处于被低估的状态，而城市中的现金流量比较充裕但泡沫化程度相对较重，城市中产阶层作为拥有较高资金存量的群体，亟须寻找安全、稳定的投资对象。显然，市民下乡为城市过剩资产提供投资渠道的同时，也能实现对农村空间资源重新赋值。

在投资主体方面，市民阶层拥有"资本浅化"而"社会深化"的独特优势。在统筹城乡发展、实现城乡要素自由流通过程中，传统工商业是"资本深化"的，资本下乡的目的是去农村大量圈地，先把过去不被定价的资源占有，经过包装后推销给高净值人群，一旦经营不善就"跑路"，给农村留下诸多后遗症。

相对来说，市民不是大资本，没有圈地的实力，主要依靠自身创新创业能力，与村民合作开发乡村生态资源，实现资源收益共享。如果能够通过有效的渠道引导市民下乡，实现城乡资金融通，便可以成为政府、金融机构之外的乡村绿色化转型的重要资金支持，为实现"绿水青山就是金山银山"注入动力。

据有关资料，日本长期维持让绝大多数原住民农民加入综合农协，来垄断性占有乡村全部经济收益。且是在原住民农民年龄老化的压力下，才在2001年允许市民下乡从事农业活动，但不许企业下乡。在市民下乡加入农协分享官方政策优惠的规定上，仍然将其与原住民农户区别对待，市民下乡加入农协是"准会员"，原住民是"正会员"。

我国没有全面维护农村原住民利益的综合农协体制，也没有因应市民下乡的统一的官方政策。相对而言，原来工业化时代构建的城乡二元结构体制下形成的全部制度、法律、政策，并未根据城乡二元结构的新特征进行相应调整。

我国在城乡问题上长期坚持的政策，更多考虑的是农民市民化、农村城镇化，鼓励市民下乡创业的政策却不是很多。农村人口有在城市落户的需求，城市人口同样也有在农村落户的需求，这就需要政府部门适应生态文明改革中的制度设计转型要求，通过户籍制度改革和土地管理制度改革释放农村发展潜力，进一步破除限制城乡要素流通的制度藩篱，有效动员城市中等收入群体参与乡村空间生态资源价值定价，发挥市民与农民联合的创新创业能力，进而促进山水田林湖草综合系统开发，让农民与市民共享生态资源价值增值收益。

案例 10

武汉市鼓励"市民下乡"黄金二十条

2017年，武汉市颁布了《关于开展"市民下乡、村民进城"活动加快新农村建设的支持措施（暂行）》，即鼓励"市民下乡"黄金二十条。

具体如下：

1. 对经农村集体经济组织同意，农民愿意出租的农村空闲农房，在三个工作日内完成农村宅基地使用情况的合规性审查。

2. 利用农村综合产权信息平台、农业政务网等平台，对符合租赁、合作条件的农村空闲农房，免费发布市场供求信息；对以租赁、合作方式签订利用农村空闲农房协议的，免收服务费。

3. 对通过实施土地增减挂钩、迁村腾地，实行村庄集并的美丽乡村建设项目，对基础设施和公共服务设施项目按每户2万元的标准给予奖补。

4. 对以租赁、合作方式利用农村空闲农房、协议期在五年以上、村湾农户总数30户以上、利用空闲农房户数占农户总数30%以上、符合美丽乡村建设标准的，按每户8万元的标准给予奖补。

5. 以租赁、合作方式利用农村空闲农房发展农家乐、协议期在三年以上，取得个体工商执照和餐饮业食品卫生许可证，达到《湖北省农家乐星级划分与评定》二星级以上标准的经营户，给予当地农村居民开办农家乐的同等待遇，按二星级2万元、三星级3万元、四星级4万元、五星级5万元的标准进行奖补。

6. 对租赁农村空闲农房组建乡村休闲游合作社发展休闲农业的，给予村民同等待遇。对注册资金在50万元以上，参与农家乐经营户10户以上的乡村休闲游合作社，给予10万元/社一次性奖励。

7. 对"市民下乡"租赁空闲农房创业创新的，优先安排开展新型职业农民培育工程。对参加农业创业培训的，培训时间15天或120学时，人均补助0.3万元；对参加农业职业经理人培训的，培训时间20天或160学时，人均补助0.4万元；对参加农村实用人才党员培训的，培训时间7天或56学时，人均补助0.1万元。

8. 对"市民下乡"租赁空闲农房创业创新的，优先享受农业科技示范户待遇，科技示范户可享受贴息额度为贷款5万元以内（含5万元），核心示范户可享受贴息额度为贷款30万元（含30万元），按国家基准利率给予全额贴息。

9.鼓励具有专业技术特长的科技人员、大学生和农业科技企业、农村合作组织通过租赁、合作方式利用农村空闲农房开展技术指导和创业服务。对创办、领办、协办农业科技企业、农村合作组织的科技人员、大学生，优先选派为科技特派员，对接受科技特派员的农业科技企业、农村合作组织，优先认定为科技特派员工作站，享受相应的支持政策。

10.鼓励"市民下乡"租赁农村空闲农房发展农村电子商务，通过互联网销售本地特色农产品的，优先给予项目支持，开展农村电商服务的，优先考虑设置村邮站或农村电子商务综合服务站。

11.鼓励"市民下乡"租赁农村空闲农房开设农村生产、生活资料服务网点，优先考虑设置农村农资店。

12.对通过租赁、合作方式利用农村空闲农房开展休闲养老、创业创新的，协议期在五年以上、村湾农户总数30户以上、利用空闲农房户数占农户总数30%以上的，优先安排农户户厕改造或村（湾）无害化公共旱厕改造。

13.对通过租赁、合作方式利用农村空闲农房、协议期在五年以上、村湾农户总数30户以上、利用空闲农房户数占农户总数30%以上的，按照标准优先配套污水处理设施。

14.对以租赁、合作方式利用农村空闲农房的，在农村治保会组织建设、农村网格化管理、农村消防等方面工作，为市民下乡创业提供安全保障。

15.大力推进登记制度改革，放宽租赁空闲农房作为住所（经营场所）的登记条件，对"市民下乡"租赁农村空闲农房创业创新免收登记类、证照类等行政事业性收费。

16.金融机构对"市民下乡"租赁农村空闲农房创新创业融资优先给予支持，为有市场、有效益、守信用、风险可控的新型农业经营主体提供增信服务。

17.鼓励"市民下乡"租赁农村空闲农房创新创业，发展农村第三产业，其用水用电价格，给予当地农村居民同等价格。

18.对"市民下乡"租赁农村空闲农房创新创业人员，可在创业地按相关规定参加各项社会保险；对"市民下乡"人员的子女可在创业地接受义务教育，依地方相关规定接受普惠性学前教育。

19.鼓励"市民下乡"租赁农村空闲农房兴建老年人互助照料中心，经验收达标后，给予2万元一次性建设补贴；鼓励兴办非营利性社会办养老福利机构，并享受相关优惠政策。对"市民下乡"租赁农村空闲农房创新创业，初始创业失败后生活困难的，可按规定享受社会救助。

20.鼓励"市民下乡"租赁农村空闲农房，开办民间博物馆，打造"博物馆小镇"，传播优秀传统文化，创办农村实体书屋开展农民阅读活动，开展非遗项目的保护和传承，并享受相关优惠政策。

资料来源：武汉市政府官方网站。

二、以土地为基础的生态资源开发应注重空间正义[①]

新时代中国特色社会主义在乡村振兴上主要对应的是生态经济,而乡村空间生态资源具有整体性和非标性,且空间生态资源开发中的基尼系数比一般平面开发的基尼系数更易于拉大,借由一般产权交易方式难以有效界定生态资源价格,生态要素的供给者难以获得相应的价值回报,很可能会造成贫富差距扩大,不利于巩固脱贫攻坚成果。因此乡村空间生态资源开发要体现正义性,通过建立双层PPP(Public-Private-Partnership,公共私营合作制)体系完成生态资源价值化,实现基本财产关系"以人民为中心"的调整,使中国新发展阶段的生态资源价值化有利于广大民众长期财产性收益增加,真正夯实共同富裕的社会经济基础。

(一)作为新经济要素的空间生态资源

不同于土地、资本、劳动力等传统经济要素,空间生态资源要素是支撑"十四五"规划倡导的经济社会全面转型的新经济要

[①] 空间正义的理论发端于西方。1983年戈登·H.皮里在《论空间正义》一文中首次提及这一概念,他更多关注空间的分配正义,未能对这一概念展开系统讨论。大卫·哈维将社会正义引入地理空间之中,认为空间正义与社会正义没有本质区别,即社会资源以正义的方式实现公正的地理分配,不仅关注分配的结果,而且强调公正的地理分配的过程。虽然学者们对空间正义的理解不尽相同,但基本可以归纳出空间正义的基本要素,任平(2006)认为是存在于空间生产和空间资源配置领域中的公民空间权益方面的社会公平和公正,它既包括对空间资源和空间产品的生产、占有、利用、交换、消费的正义,又关注弱势群体应得的空间权益。

素。作为新经济要素，空间生态资源具备以下三个特性：[1]

第一，空间生态资源具有整体性和非标性。习近平总书记强调，"山水林田湖是一个生命共同体""乡村环境和资源具有'生产、生活、生态'三生功能和属性"。由此可见，乡村是一个复杂开放的系统，空间生态资源具有"结构性粘滞"的特征。因为生态资源的整体性和不可分割性，一定会造成非标性，应整体利用、综合系统开发和立体治理。

第二，空间生态资源的生成有依靠自然和经济投入的"双增长"特性。一方面，在生态环境治理和修复过程中会创生"新生空间资源"；另一方面，政府对乡村的大规模投资会创生大量"空间资源"增量，基础设施的便利化使原本不具备消费条件的生态空间资源变为可供城市中等收入群体享受的生态空间资产。因此，对空间生态资源的理解不应当是静态的，而应该是动态的。

第三，空间生态资源具有极强的外部性和较低的资产专用性。生态空间资源除了具有典型的自然属性外，作为公共资源要素也具有显著的双重外部性，这决定了正负外部性都可能转化为此空间载体上其他产权主体的收益或损失。较低的资产专用性决定了空间生态资源要素具备在多种业态中进行转换的多匹配性、多功能性和对其他传统要素的强吸纳能力，意味着要素价值可以通过多要素搭配出现质量效益呈几何级数增长态势。

---

[1] 温铁军：《新时代生态化转型与基础理论创新》，《政治经济学报》2021年第1期，第18—24页。

（二）原上层建筑和新经济基础的"非适配"

"经济基础与上层建筑相适应"是马克思主义的基本原理，当前国家宏观层面的上层建筑已经向生态文明转变，由此就有了通过空间生态资源资产化而使农民享有生态增值收益的制度变革需求，但问题在于农村微观层面的经济基础稍显滞后，对乡村土地的开发仅停留在平面资源开发的层面。以生态文明时代空间资源立体开发的视角看待工业文明时代平面资源私人占有的开发方式，可以发现其存在以下几个方面的问题：

第一，空间资源"一产化定价"导致农村资源整体价值萎缩。工业化时代，乡村被当作支持工业化发展的原材料基地，使得乡村资源作为生产要素被平面化、私人化、分散化、单一化地开发，其定价方式也是同质的"一产化定价"，导致乡村资源价值被整体低估。

第二，农村空间资源开发收益的"精英俘获"。大多数情况下由于村民自身资金和发展能力有限，对资源收益预期不高，所以多是按一产化定价向外出让资源，而外来投资者对资源进行高附加值开发经营，使得二三产业收益被少数投资者占大头，空间收益分配中存在着对普通农户的"隐性剥夺"。具体表现为村庄精英和资本结合大面积圈地垄断景观资源问题，以及农村空间生态资源被不平等使用的问题等。

小农在面对空间资源被本村精英或外部主体强势搭便车时，往往只能被动接受，获得有限的外溢效应，进而产生"空间非正义"。

（三）空间生态资源开发要体现空间正义[①]

空间生态资源开发要体现正义性，即在以地产权为基础的空间产权的资本化运作过程中应注重在地化与公共性，体现当地集体成员权，避免个体化的占有空间生态资源的空间资源开发方式拉大基尼系数，破坏原有的扶贫攻坚战略的成果。在产权上，以地缘为财产边界形成的集体经济组织拥有完整的村庄空间生态资源产权，满足空间资源整体性、系统性开发的产权条件，在农村土地承包权长期不变的情况下，通过制度体系创新可以加强农村集体经济组织对农村自然和人文空间资源的多产融合开发利用。在分配上，集体经济组织也因占有空间资源再定价收益并将其用于对村民进行再分配得以重新构建乡村经济基础，形成有效治理。[②]因此，重构乡村集体经济组织作为空间相关制度创新的基础具有重要而深远的意义。

此外，也要更加重视土地，尤其是城乡建设用地对农村发展的重要作用。2020年，中办、国办印发《关于调整完善土地出让收入使用范围优先支持乡村振兴的意见》指出，到"十四五"期末，以省为单位核算，土地出让收益用于农业农村比例达到50%，同时计提数不低于土地出让收入8%。要落实好中央要求，就要不

[①] 温铁军,逯浩:《国土空间治理创新与空间生态资源深度价值化》,《西安财经大学学报》2021年第2期,第5—14页。

[②] 2020年国仁乡建社会企业联盟邀请国内专家学者及资深实践者,组织"'三级市场理论'体系"线上讨论。中国人民大学董筱丹副教授认为三级市场制度设计要点在于:空间价值增值中,不同社会群体对应不同类型市场,通过金融要素撬动不同类型市场的内部整合,相互带动,融合发展,进而实现空间价值增值分配的制度创新,促进乡村振兴战略下乡村空间资源有序、永续开发利用,避免空间资源隐性剥夺,为地方财政开源节支而创造可持续的净收益空间。

断强化实施乡村振兴战略的资金保障,为乡村发展提供更为强劲的动能,这里可以借鉴成都农交所在城乡土地要素流通方面积累的经验。

案例 11

成都农交所助力农村土地改革

1. 集体经营性建设用地入市

2015年年初,成都市郫都区被全国人大确定为集体经营性建设用地入市改革试点县之一,为探索经验,设立成都市农村产权交易服务中心郫都分中心,专业化、规范化、市场化推动改革。2022年2月24日上午,郫都区2宗集体经营性建设用地使用权入市摘牌会,在成都农交所郫都农村产权交易有限公司交易大厅成功举行。本次出让宗地一,位于郫都区三道堰镇秦家庙村七社,净用地面积为9.9303亩,成交价格为120万元/亩,成交额1191.636万元;宗地二,位于郫都区唐昌镇火花村十六社,净用地面积为8.7298亩,成交价格为115万元/亩,成交额1003.927万元。截至2022年5月底,累计完成成都都市圈内各类农村产权交易113.84亿元,流转面积92.21万亩,有效释放了农村集体经营性建设用地潜在价值。

2. "三书模式"助力农村闲置资产盘活

德阳针对农村大量农房资源闲置、缺少交易平台、缺乏规范流转程序等问题，以成都农交所德阳所为中心，整合律师事务所、公证处力量，创新实施律师法律审查意见及见证书+公证书+交易鉴证书"三书"模式，通过规范农房使用权流转程序和要件，推动闲置农房良性流转，最大程度保障了流转双方的合法权益，为促进农民增收开辟出一条新路径。据统计，从2018年3月创建"三书模式"到2021年底，德阳已完成闲置农房使用权流转342宗，交易金额5243.66万元，每宗均价超过15万元。

资料来源：分别由成都市郫都区农业农村和林业局、成都农交所德阳所提供。

三、农村金融需回归本源服务乡村

党的二十大报告指出，全面推进乡村振兴要"完善农业支持保护制度，健全农村金融服务体系"。进入21世纪后，中国迈入金融资本全球化时代，加入国际金融竞争客观上构成人民币与美元资本集团的对抗性冲突，在某种程度上也致使国内出现金融过剩。同期，中央作出相应调整，继2015年提出"工业供给侧改革"，2017年提出"农业供给侧改革"之后，2019年强调"金融供给侧改革"，要求金融不能脱实向虚，必须服务实体经济、为乡村振兴提供金融支持。尽管农村改革开放40多年在很多方面取得了不少成就，但唯独农村金融改革始终没有破题，资金短缺依然是农村地区发展的瓶颈。

（一）农村资金的"抽水机"现象

据相关研究调查表明，在县这一级别的金融机构里，越是农业地区，其县域金融越是存大于贷。以2016年为例，中国农业银行和中国邮政储蓄银行县域贷款占县域存款的比例为49%和23%，2013年至2016年间，县域存款年净流出规模在1.4万亿元左右，4年净流出总规模达到5.7万亿元。[①]也就是说农村地区并不缺少资金，而是缺少合理的贷款政策。金融机构抽取了农村大量的资金变成存款，然后又以非常低的成本将存款抽走，用于农村以外的投资收益高的地方，变成了金融机构赚钱的投资，造成这种"抽水机"现状的原因可以归纳为如下几点：

第一，"市场失灵"。金融的本质是嫌贫爱富的，也是追逐利益的，农村金融市场因存在比较收益较低、交易费用过大、高度的信息不对称和高风险问题而不具备完全市场竞争的条件。据美国经济学家钱纳里（H.chenery）教授所做的实证分析表明，农业的全要素生产率增长水平显著低于国民经济整体增长水平，资金自然从低收益率的农业领域流出。另一方面，在20世纪70年代末中国农村开始大包干后，以往依托高度集中化体制才能运作的农村金融体系在面对高度分散的小农时需要付出极高的交易成本。1997年东亚金融危机爆发后国家顺势推出以"防范风险"为主要目标的银行市场化改革，由于农业周期长、流动性差、风险太高，

[①] 温铁军，逯浩：《乡村振兴的历史机遇》，《中国金融》2019年第19期，第122—124页。

不具备投资吸引力，也就无法单纯地依靠市场对资源的有效配置解决农民存款不便、贷款难等问题，致使商业金融进一步退出农村市场，因而出现"市场失灵"。

第二，"政府失灵"。金融"新政"以来，政府为促进农村金融的发展采取了多项扶持政策，但因政策本身缺乏普惠性以及决策主体与执行主体目标不一致等因素使得农村金融中存在的问题无法从根本上得到解决。以那些本来在银行里有着大量存款的县级市的农村地区为例，地方政府为解决所谓的不发达，积极招商引资，承诺给投资者一定的地方优惠政策和较高的回报率，因此也就出现银行方面用很低的资金回报将资金调走，而政府方面又用很高的资金回报率去招商引资，这样就形成了对农村金融的两层剥夺，从而出现"政府失灵"。

(二) 20世纪90年代的经验做法

资金滞存和资金不足是农村金融的两大问题，这两大问题并非一直无解，在以往也曾出现过能够缓解这些矛盾的经验做法。早在20世纪80年代，当农村开始百业兴旺、农民投资于各种业态的积极性大幅度上升时，农村中出现了将集体资金改制为农民合作基金会的热潮，当时将近50%以上的农村都建立了农民合作基金会，有些乡级地区也有乡级的农民合作基金会。而在同时，农村间接融资市场也在争取发展。农村合作基金会允许乡镇企业以股权质押、白条流转等各种各样另类的金融方式来缓解农村金融要素过于稀缺的矛盾。此外，20世纪90年代乡镇企业全面推动股权化改制时，可以将乡镇企业的股票集中抵押在乡镇企业股权交易中心，使得交易完成之后能够直接做交割，从而形成乡镇企业以股权质押的直接融资市场。这些融资方式在当时被称为场外交易，英文叫做OTCBB（场外柜台交易系统）。

但是，这些乡村融资的试点经验没有被及时转化为国家政策，并在1997年"东亚金融风暴"发生的压力下，因全面推进以"防范风险"为主要目标的银行业商业化改革，而被放弃。随后，国家监管部门于1998年开启取缔"非法金融"大规模行动，4万多家乡村基层的农村合作基金会几乎被全部撤销，"合会""抬会"等民间非规范金融也受到抑制，客观上使农村资金外流的问题更加严重。

新世纪以来，特别是在第二个十年金融相对过剩压力下，涉农金融机构发生了加快改革的趋势，许多适合乡村社会的金融产品不断推出，资金要素严重稀缺的局面有所改观。

案例 12

农村金融服务平台——"农贷通"

经国务院同意，2022年9月26日，中国人民银行等七部委印发《四川省成都市普惠金融服务乡村振兴改革试验区总体方案》（以下简称《总体方案》），标志着成都市普惠金融服务乡村振兴改革试验区建设正式启动。

为何落户成都？在全面完成农村产权确权颁证的基础上，成都首创"农贷通"金融综合服务平台，健全农村金融综合服务体系，探索构建农村金融生态圈，打通了农村金融服务的"最后一公里"。2023年3月底，平台累计发布金融产品691个，注册用户13.36万户，通过平台发放贷款4.4万笔、520.66亿元，服务范围已扩大至全省；"农贷通"平台有效整合政策资源服务"三农"的案例被编入《中国普惠金融典型案例》。

主要做法如下：

（一）推进农村信用体系建设，缓解农业农村融资难题

一是建立农村信用信息归集技术指标体系，制定数据格式与入库规范，确保入库数据的可用性。二是对接成都市农业农村局、市场监督管理局、政务服务管理和网络理政办公室、农村产权交易所等单位，接入土地确权、土地流转、农业补贴、农业保险、涉农项目等信息，不断丰富信用信息数据库数据资源。截至2023年2月，平台已归集全市210万农户信用数据和10万条农业政策性补贴数据，可授权查询770万条土地使用权证数据和165万条耕保基金数据。

（二）搭建线上线下融资服务模式

线上，运用云计算、大数据、区块链、人工智能等前沿金融科技技术，打造集信用体系、普惠金融、产权交易、财政金融政策、资金汇聚等服务为一体的综合融资服务平台，实现用户融资需求与银行产品精准匹配，高效覆盖成都农村市场。线下，在涉农金融需求旺盛的地区建设村级综合服务站，引入银行、保险等机构推动金融服务下沉乡村，"以点带面"做好周边乡村的辐射带动，探索出一套"可复制、可推广"的服务乡村的市场化可持续发展经验。

（三）建立健全涉农政策支持体系

建立利息补贴政策与风险分担机制，提升涉农金融服务的风险

管控能力，缓解新型农业经营主体及广大农户面临的"贷款贵"问题。进一步完善涉农贴息申报的线上办理流程，助力农户便捷高效完成申报，并基于平台信用信息数据库，精准测算并合理调整贴息政策，在财政资金可承受范围内更好促进涉农贴息政策惠及农村。

（四）强化金融科技应用，持续打造平台服务场景

一是建立一站式融资实现机制，广泛引入各类银行、小额贷款、担保公司、融资租赁公司等资金供应主体，建设共享"融资产品超市"，通过平台足不出户开展融资对接，实现"让信息多跑路，老百姓少跑路"，利用互联网手段打通平台与金融机构业务系统，实现业务数据的实时传递与受理，并可通过平台后台管理系统向金融机构后台进行信息推送提醒，大幅提高贷款对接效率，积极满足广大农业经营主体和农户各种信贷需求，显著提高涉农贷款可得率和满意度。二是打造在线政策申报服务，实现申报、审批全流程在线办理，大幅提升申报效率，利用平台用户数据和金融业务沉淀数据，可准确判断农业经营主体和农户身份的奖补资质，可支撑财政资金测算，合理调整贴息政策，有效平衡财政资金可承受范围与惠农支农成效。创新开展农业职业经理人保费补贴在线申报，实现农业职业经理人身份在线审核确认，补贴金额自动计算统计，较大程度提升了申报效率和服务满意度。三是农业保险在线投保登记，通过"线上下单，线下对接"农业保险服务模式，规范农业保险承保理赔流程，农业经营主体及广大农户可"少跑路"甚至"不跑路"，进一步提升农业保险产品的覆盖率和投保效率。此外，平台还汇集供应链金融、国债下乡、农村商业等业务功能，有效满足农村金融各项综合服务需求。

资料来源：四川省成都市农业农林局提供。

（三）重回服务乡村的金融改革之路

当前，城市金融已严重过剩，过剩金融的出路在乡村振兴领域，让金融供给侧改革直接和农业供给侧改革有机结合，让金融重新回归服务乡村，可以采纳以下方式：一是大力发展以小农户为主体组建的资金互助组织，培育新型的以社区为边界的村级合作金融；二是积极开展整体推进和综合配套的农村金融改革试点，以财政扶持和政策银行支持，用国家支农资金引导和培育新型合作金融组织，有效防范金融系统风险发生；三是大力推进以政府引导为主和农户参与的互助保险和担保业的发展，促进商业性信贷及保险机构与农民专业合作社和农户资金互助组织开展合作；四是发展适度竞争主体与竞争性农村金融市场，要积极引导和创造条件，加速推进农村商业银行改革，完善治理结构，转换经营机制，同时放开只存不贷小额贷款组织的审批，稳步发展社区银行，鼓励邮政储蓄银行与农户资金互助组织结合，与农村信用社适当竞争，以培育新的市场主体，产生竞争压力，促使其改革和转变经营体制机制；五是建立分层次需求主体和农村短期、中期、长期借贷市场；六是以优惠政策推进把农产品价格波动带来的市场风险转移给期货市场的试验，帮助组织起来的专业化农户生产经营实现预期的稳定收益，保持农业生产的连续性，促进农业的持续发展和增收，大力推动农民专业合作社发展，促进期货市场发展；七是建立资金互助信托，促使城市资金下乡；八是加强金融监管，引导农村金融组织创新和推进整体改革。

案例 13

内置合作金融的郝堂试验

河南省信阳市平桥区五里镇郝堂村村域面积20平方公里，有2300人。2009年前曾有老人因患病不想成为子女负担而自杀。当时的村党支部书记胡静看在眼里急在心里。2009年10月，在中国乡建院的协助下，郝堂村组建了"夕阳红养老资金互助合作社"，整合了34万元作为初始资本金开始运作。

按照章程，合作社所获得利息收入主要分配给老人社员。村民向合作社贷款需有两位入社老人做担保，经理事和监事中70%的人同意，且借款人必须以自己承包土地的使用权或房屋所有权为抵押。在审核放贷方面，合作社坚持"几不贷"原则，即有赌博、吸毒、懒惰嗜好的不贷，有不良信用记录的不贷等。由于合作社成员的主体是村内老人，对村内居民的家庭情况和个人品性较为了解，因此在面对借款者时不存在信息不对称问题。

郝堂村村支书、郝堂养老资金互助社创始人之一的罗少斌表示，目前合作社资金规模300万元左右，运营态势良好，没有发生过死账、坏账。截至目前，该合作社股金已经发展到700多万元，全村共266位老人参与分红，每位老人每年都能拿到大约800元，目前已累计分红金额为139万元。

郝堂村的建设是以内置金融为基础进行的新农村建设样本，除了自然环境改善外，经济成效也很显著。"我们期望带给农民享受金融的权利，以'四两拨千斤'激活村庄。"中国乡建院院长李昌平介绍。

郝堂村以互助合作社为基础的内置金融实验，是在坚持土地集体所有制和承包经营制度的前提下，配套建立村社合作金融。与正规的商业性金融机构不同，内置金融合作社属于农村合作金融范畴，具有信息对称、贷款方式灵活、风险相对可控、村社自我管理等特点，可以较好地解决农民贷款难的问题，使之成为一个能造血输血的有力量的农民金融组织。按照章程规定，合作社将收益的40%用于养老分红，解决老人贫困问题。老人也可以将多余的钱放合作社，获得比同期银行利率高一个百分点的利息。

十年时间过去了，如今，以内置金融为核心的合作社及联合社体系的示范效应已凸显，包括湖北、河南、内蒙古、贵州等在内的全国15个省区市、29个县、100余个村已经完成或正在进行试验示范及推广工作，互助资金规模达到1.2亿元，服务社员达10多万人。

资料来源：本文摘自2019年5月13日农村金融时报总第398期《内置合作金融的郝堂试验》，有改动。

四、乡村人才应符合乡土发展需要

2021年2月，中共中央办公厅、国务院办公厅印发了《关于加快推进乡村人才振兴的意见》，提出要坚持农业农村优先发展，坚持把乡村人力资本开发放在首要位置，大力培养本土人才，引导城市人才下乡，推动专业人才服务乡村，吸引各类人才在乡村振兴中建功立业，培养造就一支懂农业、爱农村、爱农民的"三农"工作队伍，为全面推进乡村振兴、加快农业农村现代化提供有力人才支撑。

那么何谓"一懂两爱"人才？首先是了解农业，不能简单地将农业当作第一产业，而是要认识到农业是具有多功能性的现代农业，是资源型、环境友好型的两型农业，是兼具立体循环、创意、体验的"三位一体"农业，是一二三产业融合基础上发展的农业；其次是爱什么样的农村与农民，我们爱的农村应是生态环保型的农村，我们所爱的农民是能形成自我组织、自我赋权、自我发展的农民。在清楚了"一懂两爱"的内涵后，就可以动员广大青年知识分子下乡支持服务乡村，满足实施乡村振兴战略基本人才需要。

动员青年知识分子下乡，首先得考虑这些青年知识分子的知识结构是否适合同"三农"紧密结合。然而事实是，制式教育所训练的标准化知识结构，根本就不适合农村多元化的社会存在。

乡土文化是和自然条件紧密结合的，资源、地理等自然条件的多样性导致乡土社会的多样性，也就是所谓的乡村十里不同风，而农业知识也主要是在地化的知识，因此千差万别的农业和乡土文化很难被集中统一形成标准化知识体系。由此可知，当我们把青年知识分子组织起来下乡的时候，他们就会发现自己的知识很难在乡土社会的实践中得到应用，这是当前青年知识分子下乡遇到的由于制式教育的标准化和乡土文化多样化产生冲突而难以服务乡村的问题。

案例 14

福建农林大学创新教育模式培养乡村人才

为积极探索乡村振兴背景下"一懂两爱"优秀人才的培养途径，将高校的人才培养与国家重大战略需求结合起来，采取以"案例+理论合作教学""项目+实践活动教学""情景+产学研融合教学"三大特色教育模式，吸纳包括全国乡建力量参加的社会共享办学机制创新，福建农林大学于2018年创办乡村振兴创新班，每年面向全校选拔30名学生，开展"跨学科、跨学院、跨行业、跨区域"人才培养模式探索，实行独立班制和"小班化"教学，致力于培养具有社会责任担当、"三农"品质情怀、跨学科综合应用和解决在地化实践问题能力的乡村实用创新人才。

乡村振兴班主要在三个方面实现突破：

1. 向实践求真者学习，实现教育回嵌乡土

乡村振兴班以"向实践者学习"作为自身理念，进一步转型成"教育客体"的角色特征。通过设定40%的实践教学占比，整合校、院、专业的实践教学资源，依托温铁军教授等知名乡建专家加持，突破在校"唯一课堂"的桎梏，扎实开展沉浸式的在地化体验教学。从地点和情境中扩展高校教育的边界，引导学生面对现实的世界和真实的问题展开探究性学习，实现理论与实践并驱、技术教学与情怀涵养相融。目前，自2018年开班以来，乡村振兴班逐渐扩大以乡土社会为核心的社会关系网络，将自身认知嵌入于网络主体间的互动之中。现已将永春县生态文明研究院、永泰县乡村振兴研究院、屏南县乡村振兴研究院作为乡村振兴班固定的实践基地，其实践足迹已跨福建、浙江、宁夏3省区，且共深入调研近40个村庄。并与当地人员进行访谈交流，认知当地产业实况，学习村域在地文化，剖析当地治理体系逻辑，同时建立案例资料收集库，总结地方经验，在不断研讨、游学、课题等方式中，交流自己所思所学，介绍自己所践所悟。加强与其他高校的联合交流，曾与福州大学等高校多次开展联合实践，前往多个村庄进行调查研究，积累丰富的实地调研经验。

2. 探索课程本土化创新，推动教育回嵌学校

乡村振兴班致力于打造具有高阶性与本土性的核心课程群，使学校体系回嵌到三农工作对学生的需求预期。一方面，开设基于发展中国家实践理论的课程，介绍中国发展历程的真实经验，认识不同于西方教科书视角的事物。另一方面，在农村区域发展专业培养方案基础上，以"三农"需求为参照内容，剔除部分参照西方教科书的主流课程，摆脱传统学科的研究视角和思维范式的束缚，合并知识圈过于相近或重复的课程，新增十几门主要由外聘教师拓展学科体系内涵与外延的乡土课程群，如乡村经济学、乡村整全设计、乡村教育史等等，同时注重相关系列特色教材和线上新媒体课程的开发，以及可视化教学示范点规划。

3. 推动师资多元化建设，开创"社会办学"机制

乡村振兴创新班集中优质师资力量，开创吸纳全国乡建力量参加的社会共享办学机制。通过建立校际共享的教师人才库，将师资团队分成理论教学组与实践教学组，术业专攻，各司其职。

聘请包括北京大学、中国人民大学等高校以及本校等具有丰富乡土调研经验的学者成为乡村振兴班的理论主讲教师，邀请地方乡村振兴研究院、中国人民大学乡村建设中心、福建爱故乡公益平台等机构的实践者组成实践教学组，建成一支年龄结构、学历学缘结构和职称结构合理，专业素质优良的师资队伍，不仅在教学过程中逐步形成乡村振兴班的新知识体系，同时亦为学校年轻教师搭建一个立体化、网络化的师资提升平台。

资料来源：节选于福建农林大学张杨铭、刘飞翔《新农科背景下高校农林教育"双重回嵌"机制研究——以福建农林大学全国首届乡村振兴班为例》（原文载于《河北农业大学学报（社会科学版）》2021年第4期）。

那么，如何培养符合乡土特色的人才？

第一，教育要满足生态文明阶段所需的属性。若把教育视为服务于资本化人力资源的工具，把人的多样性资源异化为一种要素，用标准化的知识体系、知识化的教学方式、学科化的研究来规范这一切的时候，这套东西就渐渐使得人类本来有的丰富的知识逐渐被窄化，那这样的教育就是一个反文化的教育，也就很难真正回归到具有基础性意义的文化层面。因此，教育要回归社会公益事业的属性。国家要加大公共财政对教育特别是农林院校的支持，限制规模化特别是产业化的教育发展，保证教育是教书育人的神圣事业而不是借机盈利发财的商业活动，同时要保证教育是培养德智体美全面发展的人才而不是制造人力资源特别是商业机器的工具，保证教育特别是农林院校能够给乡村输出合格的"一懂两爱"人才。

第二，改革完善"大学生村官"或基层干部的选拔与培养机制。加大选聘"大学生村官"和招录基层干部的力度，放宽大学生参加选聘的条件，但在选拔上明确"一懂两爱"的要求，将"一懂两爱"要求落实到"大学生村官"或基层干部的选拔考试特别是面试环节上，并在上任后的试用期内做"一懂两爱"的考察评估。任职期间内更要培养并增强"大学生村官"和基层干部"一懂两爱"的素养与能力，围绕"一懂两爱"要求增加并优化"大学生村官"和基层干部的培训培养机制，将其与合作社管理培训、乡村治理革新、农业技术推广、农民培训、乡村精神文明建设、项目发展等工作活动结合起来，促使"大学生村官"和基层干部深入全面精准地认识农业与农村，热爱农民与农村。

第三，引导青年返乡创业。我们的教育不应该只是培养进城的人，更应该培养能返乡的人。乡村离不开青年人，青年人也需要乡村，特别是在乡村振兴与生态文明时代，返乡创业的青年人特别是青年大学生将会成为一支充满希望的新生力量，他们有文化、有热情、有视野，因而应该被培养成"一懂两爱"的人才并服务于乡村振兴事业。政府应该采取措施，制定优惠政策鼓励与扶持青年人返乡创业，支撑乡村的可持续发展，最终形成乡村振兴的主体力量。

根据中共中央组织部2018年印发的《关于进一步加强和改进选调生工作的意见》，进入各级公务员队伍的选调生，都要坚持到基层培养锻炼的方向，并且要到村任职1—2年，履行"大学生村官"职责。这无疑有利于人才回嵌乡土社会，同时，也让我们未来的各级领导干部能更加全面了解中国国情：中国不仅有城市，更是根植于乡土。

思考 **9**

乡村振兴是对万年中华农耕文明的复兴

POJU
XIANGCUN
ZHENXING

我们认识到，乡村振兴是"中华民族伟大复兴"的基础性战略。而中华民族万年传承且至今"自立于世界民族之林"的本体，是中华农耕文明的赓续。

习近平总书记指出："我们说要坚定中国特色社会主义道路自信、理论自信、制度自信，说到底是要坚定文化自信。文化自信是更基本、更深沉、更持久的力量。历史和现实都表明，一个抛弃了或者背叛了自己历史文化的民族，不仅不可能发展起来，而且很可能上演一场历史悲剧。"①

党的十八大以来，习近平总书记曾在多个场合提到文化自信，传递出他的文化理念和文化观。在2014年2月24日的中央政治局第十三次集体学习中，习近平总书记提出要"增强文化自信和价值观自信"。之后的两年间，习近平总书记又对此有过多次论述："增强文化自觉和文化自信，是坚定道路自信、理论自信、制度自信的题中应有之义。""中国有坚定的道路自信、理论自信、制度自信，其本质是建立在5000多年文明传承基础上的文化自信。"

党的十九大报告用一个章节的内容具体阐述"推进文化自信自强，铸就社会主义文化新辉煌"，习近平总书记为何重视文化自信？因为我们中华文明有博大精深的优秀传统文化。它能"增强做中国人的骨气和底气"，是我们最深厚的文化软实力，是我们文化发展的母体，积淀着中华民族最深沉的精神追求。

而中华文明的文化源头在哪里？就是来源于中华传统乡土文化，产生于万年中华农耕文明。

---

① 习近平总书记2016年5月17日在哲学社会科学工作座谈会上的讲话。

一、全球化与文化依附

谈到文化，本来我们是最不缺资源的，从来也是高度自信的，在浩瀚的上下五千年的历史长河中，铸成了人类社会灿烂的现代文明。

什么时候我们中华民族开始不自信了呢？大抵还要从工业革命时期，即所谓西方现代化进程说起。

一般认为，资本主义极大地解放了人类生产力。而近代资本主义发轫于哥伦布"发现美洲新大陆"和达·伽马到达印度。但是，鲜见有人指出以下两个密切结合的"因素"：

第一，殖民扩张背后的重要原因是欧洲国家对中国的长期贸易逆差——直到1830年之前中国都长期保持着贸易顺差。[1]秦汉以来，中国的经济文化长期处于世界领先地位。[2]尤其自宋朝和明朝人口过亿以后，工商业不断发展，以丝绸、瓷器与茶叶为主的出口贸易持续增长，客观上成为欧洲白银稀缺的原因之一。美洲白银在16世纪后半叶被大量开采出来，也与对中国的贸易需求有着紧密联系。[3]受利益驱使，日本、欧洲白银被大量运往中国，从1550年到1644年明朝灭亡前的百年间，从海外流入中国的白银大约有14000吨之多，是这一时期中国自产白银总量的近10倍，[4]即

---

[1] 武裕宏:《鸦片战争与白银外流——关于世界货币的职能》,《上海金融研究》1984年第2期。
[2] 沈光耀著:《中国古代对外贸易史》,广东人民出版社1985年版。
[3] 万明:《中国的"白银时代"与国家转型》,《读书》2016年第4期,第129—138页。
[4] 陈昆,汪祖杰:《国际竞争力、海上贸易与套汇:明朝中后期白银流入的考察》,《经济理论与经济管理》2011年第6期,第85—93页。

中国占有了世界白银产量的四分之一到三分之一。另据欧洲学者研究，直到19世纪中叶列强入侵之前，中国的国民生产总值约占世界的三分之一。[1]弗兰克在他的著作《白银资本——重视经济全球化中的东方》中认为，1400—1800年是以中国为中心的单一世界体系格局。若作为硬通货的贵金属货币长期短缺且日益严重，则被称为"地理大发现"的海外扩张，本质上就是古希腊罗马文明哺育的西方国家因长期处于支付危机、无法通过欧洲内部化解而诉诸对外暴力的结果。

第二，由于欧洲封建小城邦没有足够的剩余承担海外扩张的巨大成本，所以最先期的海外探险和殖民开拓，都是在早期民族君主国家的支持下进行的。恰如1493年3月哥伦布在发现美洲新大陆后的一封信中说："我将回报给他们想要的任何数量的黄金，还有香料、棉花、玛蒂脂，以及红木，还有陛下们想要的奴隶。"信中提示的及后来更多发生的，不外乎是历史常识：西方资本主义的"第一桶金"与血腥的奴隶制三角贸易密切相关——从非洲"低成本"掠夺土著居民，贩卖到美洲殖民地做奴隶，使金银开采及其后的种植园经营得以形成"规模经济"，占有"规模收益"返回欧洲宗主国，殖民者就用这些财富来参与全球贸易，争夺世界霸权。

先期进行海外殖民地扩张的，恰恰是西北欧大西洋沿岸的那些幅员狭窄、国土资源有限的国家，如西班牙和葡萄牙，然后是欧陆之外被长期视为蛮族的荷兰、英国，接下来是欧洲大陆上德奥专制帝国的兴起和统一，及其兴起之后必然的路径复制——殖

---

[1] 从美洲运到欧洲的白银，也辗转输入亚洲，大部分进入了中国，法国学者皮埃尔·肖努认为有三分之一流入中国，谢和耐认为二分之一流入了中国。

民扩张。

诚然,讨论人类在资本主义文明历史中的政治制度,的确不可忽略1648年的《威斯特伐利亚条约》以国际公法所框定的现代世界的基本格局。但这仍然是表达西方资本主义原始积累阶段国家犯罪的合法性的标志性建制。在欧洲中心国家,该条约确定了各国家的无限制国家主权及其边界,"现代意义上的国家"至此形成并成为国际政治的基本行为体;对于非洲、美洲等尚未认同欧洲模式的国家或者正处于国家形成中的区域,条约规定的形式就是征服、占领和殖民;而此后,在那些欧洲人不可能形成完全殖民控制的半殖民地国家,如中国和印度次大陆,则以战争叩开其国门之后继之以毒品(鸦片)和商品的倾销。资本主义原始积累的历史进程中,作为制度供给和制度执行的收益显著的工具而公然出现的国家犯罪,就这样具有了国际合法性,也内在具有后续制度变迁的路径依赖作用。

《全球通史》一书的作者斯塔夫里阿诺斯指出:"尽管1763年的世界比1500年的世界富裕,而且这种经济增长一直持续到了现在,但是从最初起就是西北欧作为世界的企业主攫取了大部分利益。"代价是全球大部分地区和人口都成为少数欧洲强国资本神坛上的祭品——南北美洲的土著印第安人种几近灭绝,数以千万计的非洲黑人成为美洲种植园的奴隶劳动力,世界原生态的多样性的经济和社会结构逐渐被蚕食和改变,单一化的殖民地经济结构至今仍在向外"输血"……

海外殖民扩张的第一个,也是最主要的制度收益,当然是帮助先发的工业化国家完成了资本原始积累。在这些符合西方利益的"法律规范"的大规模殖民扩张基础上,那些西北欧国家的技术和制度变迁才成为可能,被视作当代资本主义发端的工业革命等技术变迁才能发生,欧洲才能"化危为机"——从巨额贸易逆差导致白银危机而催生海外掠夺,进而"后来居上"迅速上升为世界经济霸主。马克思指出:"在整个十八世纪期间,由印度流入英国的财富,主要不是通过比较次要的贸易弄到手的,而是通过对印度的直接搜刮,通过掠夺巨额财富然后转运到英国的办法弄到手的。"[①]

第二个重要的制度收益则是被后人乐道的"政治文明":伴随殖民化扩张的大量海外财富向欧洲流入,以及欧洲贫困人口(包括经济萧条造成的失业人口和罪犯、没落的原封建贵族等相对于新兴资产阶级而言的"弱势群体")大量向殖民地移出,资本主义生产方式形成过程中所引发的各种社会矛盾——比如资产阶级新贵族与原封建贵族之间、资产阶级与工人之间的矛盾等,才能够逐渐缓和。

恩格斯曾于1858年10月7日致信马克思:"英国无产阶级实际上日益资产阶级化了,因而这一所有民族中最资产阶级化的民族,看来想把事情最终导致这样的地步,即除了资产阶级,还要有资产阶级化的贵族和资产阶级化的无产阶级。自然,对一个剥削全世界的民族来说,这在某种程度上是有道理的。"事实上,英国不仅是早期工业化国家中殖民地面积和人口规模最为可观的国家,同时还是向海外移民最多的国家。1871年至1900年的30年间,大英帝国的土地增加了425万平方英里、人口增加了6600万;被称

[①] 《马克思恩格斯全集》第九卷,人民出版社1961年版。

之为"日不落"的大英帝国移出约三分之一人口，相对贫瘠的苏格兰高地约有一半人口移出，这就是信中所说的"道理"。殖民化还使法国土地增加350万平方英里、人口增加2600万；俄国在亚洲增加了500万平方英里土地和650万人口；德国则增加了50万平方英里土地和850万人口。

只不过，这些并非发端于所谓"技术革命"或得益于所谓"制度先进"的西方资本原始积累时期以国家机器对人类的直接犯罪行为，大都被后来西方占据主导地位的"冷战意识形态"或控制或资助的所谓当代社会科学理论的各种解释淡化、漂白或者直接忽略了。

作为发展中国家的中国，是没有被西方完成殖民化的世界最大"原住民国家"。我们不应该跟随西方掩盖其国家反人类犯罪历史。2022年3月2日，我国外交部公布《美国对印第安人实施种族灭绝的历史事实和现实证据》，指出根据历史记录和媒体报道，美国自建国以来，通过屠杀、驱赶、强制同化等手段，系统性剥夺印第安人的生存权和基本政治、经济、文化权利，试图从肉体和文化上消灭这一群体。时至今日印第安人仍面临严重的生存危机。对照国际法和美国国内法，美国对印第安人的所作所为涵盖了定义种族灭绝罪的所有行为，是无可争辩的种族灭绝。美国《外交政策》杂志评论指出，针对美国原住民的罪行完全符合现行国际法对于种族灭绝罪的定义。

种族灭绝的深重罪孽是包括美国在内的西方殖民主义列强永远无法洗白的历史污点，印第安人的沉痛悲剧是人类永远不应忘却的历史教训。

如果说西式现代化是建立在血腥和罪恶的累累白骨上，是毫不过分的，然而今天，对西式现代化中反人类罪的血腥和罪恶部分，西方不愿意提及，我们其中一些人仿佛也不知道，大家都把目光放在西式现代化的先进与发达上。血腥和罪恶的部分，就这样被或有意或无意地抹掉了。

如果发展中国家的人们要以当前的发达国家作为"赶超"目标和样板，就不得不考虑是否具有"复制"其发展历程的可能——由于制度变迁的路径依赖，发达国家依靠对外转嫁制度成本来实现增长的机制愈加深化，发展中国家要弱化这种不对称机制就越"不可能"，遑论反转！

因此，由于现代西方发展主义学说的逻辑起点并非其历史起点，所以西方现代化不具有可被重复验证的科学性，其所谓科学理论在指导发展中国家时往往适得其反。

总而言之，各种现代化词汇和学科体系、话语体系本就都是西方缔造的，在西方主导的话语体系下亦步亦趋，就一定会被人牵着走，以至于出现"国外的月亮比国内的圆"这样的言论，我们的文化自信便逐渐没落了。更不用说那没有经济开发价值的农耕文明与乡村文化。

二、去依附，重构中国文化自信

21世纪中国发展战略产生了重大的调整，因它是在一个去殖民化、去发展主义现代化的话语创新过程之中，所以中国政府的各种各样的政治的、政策的话语，就越来越难以翻译成英文。

例如，中国确立的"城镇化"战略怎么翻译？英文只有"城市化"。于是，国内学术界只好勉力跟着西文，把中国特色的城镇化战略概念生硬变成西方的城市化。

但无论中央是否把城市化调整为"城镇化"发展战略，国内知识界都几乎没有话语建构能力。我们团队在拉美、南亚地区的发展中国家调查回来以后，得出一个结论，凡属于城市化发展水平高的发展中国家都是贫民的"空间平移集中贫困"，没有一个能够进入工业化的。这个问题在前面章节里已经谈到。那中国应该怎么办呢？中国虽然应该搞城镇化，但理论界却没有对应的英文词，大家照搬来的英文概念只能是"城市化"。这就造成政策解读混乱，本来在中国语境下准确的政策概念，却被外来词扭曲到符合发展主义的内涵……

中国在国家生态文明转型背景下出现的很多政策话语混乱解读，比如"三农"问题、城镇化等，都是由于政策概念和西方的主流话语之间发生了差异，所以才需要本土化的知识生产。反过来说，因为我们的知识分子没有尽到知识生产的责任，所以这些中国特色的政策话语得不到解释。

如果我们把去殖民化话语需求和我们现在的战略实施结合在一起，则讲好中国故事应该就是顺理成章的。

五四运动以来，在西式现代化的过程中，有一些情况现在都值得反思。无疑应该提高科技水平，但科学主义、技术至上并不意味着思想进步。

进入21世纪之后，我们开始对中国的激进发展主义做出反思，提出了新农村建设和乡村振兴战略，其实这也是在追求现代化的历史上乡土中国一直在做的改良运动。我们已经把它延续下来了。

民国时期的前辈学者们就在做这些事儿，无论是梁漱溟、晏阳初、陶行知，还是费孝通等都关注农村。大量的乡村建设工作和研究体系其实也是客观存在的，但是被我们的激进发展主义遗忘了。1949年以后开展的土地改革和乡村建设运动，其实也是非常广泛地进行着的，虽然那个年代面对的乡村问题非常复杂，但乡村建设的成就也是非常巨大的。

当代的乡村建设也一直没有断。

从20世纪80年代农村改革推出以后，我们这部分参与政策调研的人就在讨论，认为家庭联产承包责任制并不是我们的目的。如果只是农民分户经营，那么我们只不过重复着几千年来的历史，并不意味着进步。当年我们提出，需要像20世纪二三十年代大量知识界前辈们到农村去操作各种乡村试验一样，我们这一代也要在十里不同风的乡村去推行各种在地化的试验，在理论联系实际的乡村实践中形成我们对农村的新的理论解释。

所以从20世纪80年代开始我们就一直在干这个事。要干这个事儿的背景是：发展中国家尤其是以原住民为主体的发展中国家不可能简单照搬殖民化国家的发展经验。

中华民族作为原住民民族，在东亚这块土地上建立起一个延续历史的政治国家繁衍了4000多年。虽然近代的屈辱史让我们抬不起头，但当前终于又可以重新建立中国人的自信了。可以说，中国是世界上一个以原住民为主体的长期存在的政治国家。以前说中国是一个文化意义上的国家存在，而不是一个政治意义的国家存在，也不是一个民族国家存在，这些就是西方教科书对中国古代文明史的否认。

把这些问题想明白以后，就知道为什么这一代中国知识分子身上挑着的担子还很重，为什么要及时重构中国的话语体系。中国作为一个原住民的大国有几千年的独立于西方的发展史。"立国先立史、灭国先灭史"，现在有必要重新建立历史叙事，而这些话语体系重构就会和殖民地大陆国家完全不一样。

关于近现代历史，我们团队跟西方人讨论时说，我们从孔夫子以来就有"共产主义"。怎么解释呢？因为从孔夫子开始就在讲"共生、共享、共治"。那么这"三个共"就可以叫做儒家"共产主义"或者说传统农耕社会的"共产主义"，它一直延续到近代的农民革命，这是几千年中国思想和政治传承的一个结果。总之，中国几千年的文明延续是一个独立于西方的体系。

整个东亚的近现代社会经济发展是人类进入资本主义历史以后延续着东亚自身历史进程的一个另类，或叫做"东亚模式"。整个东亚儒家文化圈都是先均田制再免赋。而稍微发达一点的，比如说日本、中国的台湾地区，它们不仅均田免赋，而且通过综合性农协给农民以巨额的补贴。这些原住民社会的农村制度体系和西方是不一样的。而被动按照西方发达国家的模式去搞的结果，就是拉美化陷阱、南亚陷阱等。

中国早在秦汉之际就告别了所谓西方意义的封建制，开始进入到了一个集中制的政治国家，这个集中制国家的社会是双层社会。早期国家的所谓法制是"礼不下庶人"，王权赋予的正式制度只到县这一级。自秦设郡县以来，中国几千年就是郡县制，郡县制不是我们教科书表述的那个封建制,封建社会的政治基础是分封制的,我们早在秦汉大一统皇权建立之后就不以分封为主了。郡县以下的乡村是自治社会,自治社会跟上层社会之间的对接靠的是儒家思想。例如,官员丁忧就要返乡三年,中下层官员的家眷大都在村里边,无论是被贬还是退休,都得回村。

所以中国历史上实际实行的是上下两层文化对接,治理上也是上下两层分别治理,郡县以上官方的治理和乡土社会的民间治理是两套不同的治理方式,这跟西方社会完全不一样。这种体系我们已经维持了几千年,所以只要乡村存在,中国传统文明就存在,这是第一点。

第二点,历朝历代的政治家们寄希望政权体系长期维持,靠的是什么呢?是孔子在2500年前提出的"共产主义",可以叫做"儒家共产主义"。这是儒家的理想国,它不是乌托邦,孔子提出的是"大同",《礼运·大同篇》早在2500年前就把人类的基本理想社会描述清楚了。汉代提出"独尊儒术",历朝历代政治家都必须以儒家孔子的思想来治国理政,所以思想上"修身齐家治国平天下",政治上"民贵君轻"。这套上层建筑和意识形态是历来存在的。何况,每一个新朝代的帝王必须均田免赋,也就是说,平均占有资产这件事情是中国历朝历代都要做的。

从这个角度来说,上下层社会不是封建礼教,而应该叫做"儒家思想贯通上下层社会"。并且上层社会对下层社会最大的稳定政策就是"均田免赋"。

在这些事情上,我们不太主张用西方的那套意识形态来描述,更主张用东方的、我们自己的几千年文明传承来做描述,这样我们才能建立完全不同的、有话语权意义的对话，否则我们就会陷入西方的话语体系中，这是中国知识分子要考虑的问题。

所以，当对西方有了基本了解以后，我们极力主张建立"东亚知识共同体"！尽管这是很孤独的斗争，但也必须做，只有通过"东亚知识共同体"承上启下，才能够理解什么叫做"东方"。

更何况，我们中国是世界上原住民人口最多的国家，我们亚洲是世界唯一的原住民大陆，我们没有被殖民化。只是最近的100年，因被外侮沉重地打击了，所以出现了全盘西化这样的激进观点。这100年的过程是我们因西化而造成的"无能+无耻"。今人若要做知耻而后勇的知识分子，首先得知道自己"无能"，接着知道自己"无耻"，然后才能站出来说"我们今天要重构话语"。

总之，乡土文化遭遇发展和传承的困境，其根源在于本质上与一直以来主流的工业化城市化的文化逻辑相悖。极端的全盘西化观点认为中国传统的文化就是落后的，就应该学习西方的文化。但出现困境的根源，并非乡土文化本身的保守落后，不能调整自身去适应新的社会环境，而是工业社会发展逻辑出现了问题：追求向外汲取资源的城市发展逻辑和追求大量生产、过度消费的工业逻辑，从生态的自然规律来说，必然是不可持续的。

三、推进乡村多元文化复兴

好在，有识之士不忍文化沦丧。

百年前，随着现代化进程的推动，中国的知识分子就已经开始思考文化转型问题。面对大量的全盘否定中国传统文化、全盘吸收西方文化的思潮，梁漱溟先生的父亲提出"这个社会还能好吗？"的世纪之问；而梁漱溟则提出通过乡村建设"从中国的旧文化里转变出一个新文化来"的理想。后来，晚年的费孝通先生以"文化自觉"的概念将这个思考再向前推进，指出"文化不仅仅是除旧开新。而且也是推陈出新，或温故知新"。

当我们以"文化自觉"的视角来重新审视当前的乡土文化传承与振兴问题，就会意识到，不仅仅是要对其进行保护，更重要的是要重新认识和继承发扬，这并不是一件容易的工作。费孝通先生指出，"首先要认识自己的文化，理解所接触到的多种文化，才有条件在这个已经在形成中的多元文化的世界里确立自己的位置，经过自主的适应，和其他文化一起，取长补短，共同建立一个有共同认可的基本秩序和一套各种文化能和平共处，各舒所长联手发展的共处守则"。

今天的人们在"文化自觉"的基础上，保护和传承乡土文化，除了可以重新回到日新月异的生活中去，形成"建诸在传统文化基础上的新的生活样式"，还能通过提升认知，整合重构乡土文化与现代文化因素，通过重组农村资源市场，提升乡土文化所依托的生活环境。同时，要通过成立专门的乡土文化保护研究机构，适度立法保护乡土文化，形成制度保障。

我们团队于2012年发起"爱故乡"计划，通过发掘、推举并表彰那些倡导推行本土经验、保育传统文化、改善生态环境、关爱故土父老乡亲的典型人物，培养乡村和城市社区建设的多种人才。借此，试图推动知识、文化、资源、人才重新扎根于本土社区，试验爱故乡的道路与方法。这些年来，"爱故乡"人才计划、"爱故乡"年度人物评选、"发现故乡之美"活动、"村歌计划"等，吸引了越来越多的群体和个人加入，村歌计划还写入了2022年的中央"一号文件"。各地的志愿者团队为推动乡村文化复兴做出了努力，也在文化领域形成了一定影响。

案例 15

"爱故乡·村歌计划"唤醒乡村文化

"爱故乡·村歌计划"推出"村歌文化"助力乡村振兴，对乡村文化的传承和发展起到了一定作用。

1. 乡村振兴需要文化

47岁的孙恒是从2018年开始发起村歌计划的。他毕业于师范院校，原本是河南一所中学的音乐老师。1998年辞职北漂，一项重要的工作是为农村进城务工群体写歌和唱歌，从中，他积累了丰富的集体创作经验和社区工作方法。2018年，他敏锐地意识到，乡村振兴除了发展经济，更要发展文化，文化才是一个村庄持续发展的凝聚力。于是，他与同伴发起了"爱故乡·村歌计划"。如果村民能够同唱一首村歌，那么一个村庄的精气神也可以借此凝聚。村歌作为精神食粮，可以为村民的心灵带去滋养。

2. 得到官方和基层认可

2022年中央"一号文件"指出：整合文化惠民活动资源，支持农民自发组织开展村歌、"村晚"、广场舞、趣味运动会等体现农耕农趣农味的文化体育活动。这让孙恒更加振奋。2018年启动至今，"村歌计划"项目组在安徽阜阳南塘村、大申村，河南信阳郝堂村，重庆城口联丰村、北碚东升村等30个村落制作完成了村歌。

3. 村民参与创作　把共同记忆唤醒

与过去一些村歌主要以委托创作的方式不同，"村歌计划"强调村民集体创作，村民是创作主体。村歌创作是发掘村庄历史和价值的过程，歌词由村民共创完成，曲调最大化借鉴本地音乐元素，村民们畅所欲言，集体力量得以凸显，共同记忆被唤醒，进一步激发了自主性、主体性和参与性。创作过程一般经历以下几个步骤：

第一，村庄调研。了解村庄历史、各类资源、各种故事等。

第二，搜集素材。了解当地民歌、曲调、共同记忆等。

第三，征集歌词乐曲。包括歌名、歌词、乐曲等，力求达到大家满意。

第四，征求意见。创作好的乐曲让群众试唱，在这个过程中修改完善。

第五，办村歌晚会。让村民上台演唱，唤醒爱故乡的意识，唤醒乡土文化自信。

大家普遍认为，村歌采用集体创作的方式将村民凝聚在一起，通过对村庄历史和发展的关注探讨，唤醒了村民的文化自信与自治意识，激发了村庄内生动力，也为乡村振兴的全面开展夯实基础。

温铁军教授认为，"村歌是对以人民为中心的新时代表达的谐音。深入乡土社会的音乐人在激活老百姓的家乡之爱的同时也升华了自我。人民发声才有大爱无疆！"

附：重庆城口县联丰村村歌歌词

村歌《山水联丰》

联丰村的山呦：高又高

山上长满树和草

我去山中挖药材

装满背篼乐开怀

联丰村的水呦：清又甜

喝到嘴里蛮安然

龙潭河水清潺潺

饮水思源心相连

联丰村的山呦：高又高

联丰村的水呦：清又甜

联丰村的歌呦：唱不完

联丰村的人呦：勤又善

联丰村的歌呦：唱不完

黑熊野猪山中欢

香香脆脆野耳子

松松软软洋芋片

联丰村的人呦：勤又善

春夏秋冬把活干

九山半水半分田

山水无痕建家园

> 联丰村的山哟：高又高
> 联丰村的水哟：清又甜
> 联丰村的歌哟：唱不完
> 联丰村的人哟：勤又善
> （重复一遍）
> 嘿　勤又善
> 　　　　　　　（完）
>
> 资料来源：根据村歌计划发起人孙恒提供资料整理。详情参考网址：https://mp.weixin.qq.com/s/goOsFiCUVVfsuGcG4l DqCQ。

我们团队和"八山一水一分田"的福建省合作比较多，多山的福建"十里不同风"，生态环境多样性的资源禀赋对乡村文化保护发挥了重要作用。福建省是闽越文明的主要发祥地和古代海上丝绸之路的重要起点，依山傍海的地理环境孕育出多元地域文化，包括耕读文化、海丝文化、客家文化、闽南文化、莆仙文化、畲族文化、朱子文化、红色文化……还有茶文化、笋文化等，保留着一大批相对完整、具有鲜明地域特色的传统村落。

此外，近十几年来福建各地越来越重视古镇古村落的保护和发展，对于历史文化名镇名村和文物古迹、传统村落、民族村寨、历史建筑、农业遗迹、灌溉工程遗产等，逐一登记在册，全面加强保护。2017年4月，福建省人大常委会颁布《福建省文化名城名镇名村和传统村落保护条例》，在全国率先通过立法。各地也根据实际编制各类保护条例，仅福州市就先后出台《福州市历史文化名城保护条例》《福州市三坊七巷、朱紫坊历史文化街区保护管理办法》，使传统村落保护有规可循、有法可依。

我们在福建的乡建团队在这个领域中进行了一些深入探索，位于福建省东北部的宁德市屏南县，于2015年起抓住传统村落保护发展的机遇，依托高山生态资源优势和文化资源禀赋，以村落为平台、文化为底色、创意为引线，强化改革思维，形成"党委政府＋艺术家＋古村＋村民＋互联网"的发展模式，以文创推进乡村振兴。

2020年11月，为贯彻党的十九大提出的关于实施乡村振兴战略的重要部署，统筹协调解决屏南县"三农"问题，强化相关学术研究、人才培养以及国际国内影响，屏南县人民政府与中国人民大学可持续发展高等研究院、西南大学中国乡村建设学院、福建农林大学经济学院（海峡乡村建设学院）联合成立屏南乡村振兴研究院。研究院所在的熙岭乡四坪村作为未来开展乡村建设探索研究的实验基地。研究院以"立足屏南、面向全国、国际视野"为定位，希望通过多方努力，建设成为融试验指导、政策研究、教育培训、孵化创新等功能于一体，具有全国影响力的乡村振兴新型智库，为我国乡村振兴探索有效路径和创新思路。成立以来，持续开展乡村振兴的理论研究和实践创新，陆续举办了屏南乡村振兴大讲坛、乡村振兴沙龙、全国乡村振兴与生态文明专题研修班、全国乡村振兴硕博研修营等一系列活动，取得多项研究成果，也为探索古村落文化的活化利用提供了宝贵经验。

如今，在屏南乡村振兴研究院的协助下，古村与文创的结合使四坪村从过去深藏于闽东崇山峻岭之中的"老区基点村""空壳村"，华丽转身为现在当地闻名遐迩的"文化创意"古村落，乡村旅游的网红"打卡"地，呈现出了一幅古朴典雅、"一曲溪流一曲烟"的乡村景象，凭借"文创＋乡村旅游"，四坪村踏上了新生之路，重新焕发勃勃生机，这些成果也被《农民日报》《福建日报》等媒体报道。

四、"乡愁"经济改变农村数量型增长方式

2018年3月7日，习近平总书记在参加十三届全国人大一次会议广东代表团审议时强调："城镇化、逆城镇化两个方面都要致力推动。城镇化进程中农村也不能衰落，要相得益彰、相辅相成。"

随着城市人口越来越多、农村人口越来越少，社会上产生了一种错误的发展观：只要城市化搞好了，大量农民进城了，"三农"问题就迎刃而解了。

这是一种误解。

在千篇一律的城市建筑、文化样态、工业化生产的影视剧、消费文化等影响下，虽然视听技术越来越酷炫，但慰藉人心的力量却越来越苍白无力。抑郁症患者在城市居民中日益增多，工作的沉重压力和日常生活的无力感也与日俱增。

城市的环境污染问题也不容小觑。虽然我们不遗余力整治环境污染，中央每年进行近乎苛刻的环保督察，但我国的环境污染依然客观存在，特别是在大城市。环境污染的最直接、最容易被人所感受的后果就是使人类环境的质量下降，影响人类的生活质

量、身体健康和生产活动。例如城市的空气污染造成空气污浊，人们的发病率上升等；水污染使水环境质量恶化，饮用水源的质量普遍下降，威胁人的身体健康，引起胎儿早产或畸形等。严重的污染事件不仅带来健康问题，也造成社会问题。随着污染的加剧和人们环境意识的提高，由于污染引起的政府治理成本逐年增加。

自21世纪第一个十年中国成为世界最大工业品生产国以来，大范围长时间的雾霾几乎覆盖了华北平原，人们越来越追求干净的水、清新的空气、绿色的自然环境。有很多市民开始通过乡村旅游或田野体验的方式重新寻找乡土文化的滋养与慰藉，"乡愁游""农耕体验""休闲农业""清肺游""绿色游"等和乡村有关的旅游题材逐渐兴起。数据显示，2019年我国乡村旅游接待人次达到了30.9亿，占国内旅游人次的一半。[①]

2022年5月，福建省委省直机关工委倡议开展"我在乡间有亩田"党员志愿活动，发动机关党员干部职工自愿认筹认种弃耕抛荒田地。倡议一经发出，立即得到积极响应，认领人每年每亩地交纳2000—3000元作为代耕、包干劳作、管理等费用。活动让农村集体收入、农民收入立马上了一个台阶。

社会化的生态农业生产消费在中国早已遍地开花。相关规律表明，经济发展到一定阶段后都会出现逆城市化的现象，即市民下乡，社会生态农业可以给市民周末郊区游提供更强有力的理论支撑和实践素材，同期可以发展以市民资本为方向的乡村创业创

---

① 数据来源：中宣部举行"中国这十年"系列主题新闻发布会，文化和旅游部副部长饶权发布相关数据。

新项目。

近年来，国内民众对绿色健康和有机食材的需求逐年增长，主要群体集中在已建立家庭的中等收入人群，这部分人群拥有可观的收入，关心家人健康，渴望高品质和健康的食品，未来这部分人群将成为国内CSA（社会生态农业）农场的核心客群。

这是群众从自身利益出发在需求侧投票。另外一个方面，这也为改变农村粗放数量型增长方式提供了重要的转变条件。

案例16

福建省委省直机关工委"我在乡间有亩田"党员志愿活动的倡议

为深入学习贯彻习近平总书记关于实施乡村振兴战略和粮食安全的重要论述，深化拓展党史学习教育"我为群众办实事"实践活动和实施"提高效率、提升效能、提增效益"行动，坚决守住耕地保护红线和粮食安全底线，充分发挥省直机关基层党组织战斗堡垒作用和党员先锋模范作用，组织发动机关党员干部职工积极参与"我在乡间有亩田"志愿活动，通过在我省广大农村认筹认种抛荒农田耕地，助力粮食安全和乡村振兴，现发出以下倡议：

一、提高政治站位，强化粮食安全思想认识。"粮食稳，天下安",以习近平同志为核心的党中央把粮食安全作为治国理政的头等大事。习近平总书记多次强调"中国人的饭碗任何时候都要牢牢端在自己手中,饭碗主要装中国粮""粮食安全是'国之大者'"。省直机关党员干部要深入践行总体国家安全观,深刻学习领会习近平总书记关于粮食安全的重要讲话精神,清醒认识当前国内外粮食安全形势的严峻性、复杂性,坚决扛稳粮食安全政治责任,积极行动起来,严格落实"长牙齿"的耕地保护措施,切实稳住"三农"基本盘,帮助农村农民稳收增收,实现经济效益和社会效益双丰收。

二、凝聚组织力量,积极对接认种农田耕地。省直机关各级党组织要响应倡议号召,广泛发动机关党员干部职工自愿认筹认种弃耕抛荒田地,采取带头耕种、委托农户代耕代种、共享土地收成等方式积极认种耕地。要抢抓耕作时机,积极联系认种活动相关市县区联系人,及时对接商议认种方案,推动抛荒土地复耕复种,盘活农村土地资源,保障粮食安全,助力乡村振兴。

三、突出示范引领,发挥党员带头表率作用。要把参与"我在乡间有亩田"志愿活动作为践行"四下基层"、推动"三提三效"的重要抓手,通过开展主题党日、志愿服务、工青妇活动等方式,组织党员干部职工深入田间地头,带着感情、带着责任开展劳动体验教育、扶农惠粮政策宣传等活动,与农户同劳动、话家常,感受农耕苦乐,协助解决农业生产问题,增进与农村群众的感情,让党旗在基层一线高高飘扬。党员领导干部要发挥示范作用,带头认筹认种,确保活动取得实效。

粮食安全,人人有责;乡村振兴,众志成城。省直机关各级党组织和广大党员干部职工要坚决贯彻落实习近平总书记"疫情要防住、经济要稳住、发展要安全"的重要要求,积极参与,主动作为，以实际行动保障粮食安全，为全面推进乡村振兴贡献应有的力量。

资料来源：福建机关党建网。

思考 **10**

乡村振兴是巩固脱贫成果迈向共同富裕的必由之路

POJU
XIANGCUN
ZHENXING

我们认为，脱贫攻坚与乡村振兴的有效衔接是国家战略的基层操作，其重点在对国家2万亿扶贫投资形成的巨额资产通过"投改股"赋权村集体，进而做"三变改革"量化到户，使之成为乡村振兴的财产基础。

在世界范围内遭遇新冠肺炎疫情、气候变化以及地区热点问题引发的经济波动等多重风险挑战下，中国依然集中力量如期完成脱贫攻坚目标任务，现行标准下9899万名农村贫困人口全部脱贫，832个贫困县全部摘帽，12.8万个贫困村全部出列，区域性整体贫困得到解决，标志着脱贫攻坚战的全面胜利，也提前十年完成联合国2030年可持续发展议程的减贫目标。如果按照世界银行每人每天1.9美元的国际贫困标准，40余年来，中国已经有超过8亿多人脱贫，占同期全球减贫人口总数的70%以上，堪称人类减贫史上的奇迹。[1]

中国组织实施人类历史上规模空前、力度最大、惠及人口最多的脱贫攻坚战，依靠的是以中国共产党为核心的"新举国体制"优势。首先是代表国家意志的中央政府持续通过国家战略性投资帮扶没有重资产投资能力的贫困地区，并且以严密的组织体系控制资本作为生产力要素直接被零资本的劳动力要素使用，这就让有劳动能力的农民获得"资本收益最大化"。其次是国家在贫困地区无偿投入基础设施建设，据此调动社会上一切积极力量以低成本地"搭便车"的形式进入贫困地区，完成消除贫困的任务。

党的二十大报告指出，"中国式现代化是全体人民共同富裕的现代化。共同富裕是中国特色社会主义的本质要求，也是一个长

---

[1] 习近平总书记在2021年2月25日全国脱贫攻坚总结表彰大会上的讲话内容。

期的历史过程。我们坚持把实现人民对美好生活的向往作为现代化建设的出发点和落脚点，着力维护和促进社会公平正义，着力促进全体人民共同富裕，坚决防止两极分化"。

在我们全面建成小康社会和完成第一个百年奋斗目标，向全面建成社会主义现代化强国的第二个百年奋斗目标迈进时，应该通过国家投资融入"三变改革"来创新基层财产关系方式，在农村的"第一次分配"领域重构新型集体经济，这是坚持"正确的政治方向"——在基本经济制度上巩固脱贫攻坚成果与乡村振兴有效衔接，是推进第二个百年共同富裕目标的基础性工作，也是构建国际国内双循环格局、打造应对全球化挑战压舱石的迫切需要。

一、全球化与难解的世界贫困问题

我们讲三个基本概念：制度、制度收益与制度成本。

关于制度，新旧制度经济学和马克思主义政治经济学的看法基本一致，都强调制度的约束性和规则的相对稳定性，认为制度无非是约束和规范个人行为的各种规则。马克思认为制度就是社会经济活动中处于支配地位的个人、集团以至阶级，为维护自己的利益而依托国家政权力量建立的一系列规则和约束，并在此基础上推动制度变迁。布罗姆利指出"不管怎样定义，效率总是倚赖于制度结构。制度结构赋予成本和收益以意义并决定这些成本和收益的发生率"。经济制度决定分配关系并由此对各经济主体形成预算制约，相对于市场力量来讲，是一个更为隐蔽的先决条件。

进一步地，新制度经济学理论由制度的功能出发形成了对制度效率、成本和收益的界定和分析。制度成本主要包括制度变革过程中的界定、设计、组织等成本和制度运行过程中的组织、维持、实施等费用；[1]不同制度的存在是因为有交易费用的存在，[2]交易费用理论则认为信息搜寻成本、议价成本、决策成本等构成交易费用亦即制度成本。相对的，制度收益则指制度通过降低交易成本、减少外部性和不确定性等给经济人提供的激励与约束的程度。

但这其实是从比较静态分析的视角强调的制度变迁的成本与收益。现实中应该更多强调动态地看，一定的制度安排可能使某些主体更多地占有制度变迁的收益，其他主体却更多地承担制度变迁的成本。如果一个制度框架下制度收益与制度成本是对称的，那么不同经济主体的收益率应向社会平均收益率收敛；反之，则是制度收益与制度成本的分布存在着不对称，或曰存在着制度收益朝向某些主体集中而制度成本向反方向的"转嫁"。

我们团队在本世纪第一个十年关于"制度性致贫"的研究中提出，发达国家和发展中国家之间制度收益与制度成本的严重不对称，是发展中国家致贫和弱势群体衡弱的制度性内因。[3]形成于原始积累过程之中的维护核心国家向外转嫁成本以使收益增加的

---

[1] 道格拉斯·诺斯,路平,何玮:《新制度经济学及其发展》,《经济社会体制比较》2002年第5期,第5—10页。
[2] 张五常:《新制度经济学的现状及其发展趋势》,《当代财经》2008年第7期,第5—9页。
[3] 董筱丹,温铁军:《致贫的制度经济学研究:制度成本与制度收益的不对称性分析》,《经济理论与经济管理》2011年第1期,第50—58页。

制度，对后来的制度变迁具有内在的路径依赖作用，在资本主义早期原始积累、中期产业资本扩张和后期金融资本全球化的三个历史阶段中，这种成本转嫁持续存在并愈益深化，加剧了发达国家和发展中国家的两极分化。

（一）资本主义早期：全球殖民化扩张支撑资本原始积累

一般认为，近代资本主义发轫于15世纪哥伦布"发现美洲新大陆"和达·伽马到达印度。但是，鲜见有人指出以下两个密切结合的"因素"。

第一，殖民扩张背后的重要原因是欧洲国家对东亚（主要是中国）的长期贸易逆差。我们前面讲过，古代中国依存于农村且与兼业化小农家庭经济相匹配的工商业长足发展，以丝绸、瓷器与茶叶为主的出口借助了海上航路开拓而持续增长，客观上成为欧洲"白银危机"（及其连带发生长期战乱）的重要原因。

第二，国家政权与资本这两个人类社会的异化物，在资本的原始积累阶段就是在对人类行使暴力犯罪的进程之中直接结合的。由于海外扩张需要巨大成本，所以最初的海外探险和殖民开拓，都是在早期民族国家君主的支持下直接进行。

海外殖民扩张帮助先发的工业化国家完成资本原始积累的同时，另一重要的制度收益便是相应形成的"政治文明"：伴随殖民化扩张的大量海外财富向欧洲流入，以及欧洲贫困人口大量向殖民地移出，资本主义生产方式形成之中所引发的各种社会矛盾——比如资产阶级新贵族与原封建贵族之间、资产阶级与工人之间的矛盾等，才能够逐渐缓和。

因此，如果发展中国家的人们要以当前的发达国家作为"赶超"目标和样板，就不得不考虑是否具有"复制"其依赖殖民化发展工业化的可能——由于制度变迁的路径依赖，发达国家依靠对外转嫁制度成本来实现增长的机制越加深化，发展中国家要弱化这种不对称机制就越"不可能"，遑论反转！

（二）资本主义中期：产业资本扩张阶段的矛盾激化与产业转移

欧洲各中心国之间，早在资本原始积累过程中就不断爆发争夺贸易权利、殖民地、市场和工业原料的战争；到20世纪初，进入产业资本扩张阶段的欧洲列强麇集在半岛形的狭窄大陆，也由于产业同构条件下的几乎同步扩张而导致生产过剩和竞争恶化，同样路径依赖般地诉诸战争。

为什么第二次世界大战之后的70多年里没有发生人类最为担忧的"第三次世界大战"？我们认为有以下两方面原因：第一，目前全世界197个有独立主权的国家中，有128个建于战后，且绝大部分属于第三世界。这些国家获得民族独立之后的首要任务即是按照原宗主国模式追求工业化，客观上成为消化发达国家过剩资本和产能的"新大陆"。由此，也客观地引发了资本主义核心国家的结构调整及其第二次对外转嫁危机。第二，落后产业的移出使得西方国家内部的劳资矛盾和国家间矛盾都开始缓和，军事技术和设备大量转为民用，在带动西方国家的产业结构向资本、技术双密集型的方向提升的同时，也使之得以与第三世界国家的低端产业进行不等价交换。以上两点也是"新殖民主义"泛滥全球的充要条件。

（三）资本主义后期：金融资本全球化阶段的符号经济及其极化机制

以国家强权为信用基础的金融资本，形成于17世纪后期商人利益群体与欧洲君主共同获取巨额利益的战争需求，发展于参与产业资本循环的利润分配，本身就是与资本主义的发展进程紧密联系在一起的。特别是1971年布雷顿森林体系解体之后，维护符号美元强势地位的国际政治经济新秩序由此而始——资本主义在中期阶段的列强争夺产业资本利益的战争，转化为进入高级阶段的美国作为单极霸权超级大国保卫美元、争夺金融资本全球化之中的超经济利益的战争。

金融资本全球化的运作机制是借助美元化机制的"从纸到纸的循环"，从产业资本"套现"——用美元购买产业资本的资源、制成品，再用美元的金融衍生品吸引支付出去的美元回流，乃至产品输出国家的产业资本的股权收益和外汇储备，都在核心国套现范围之内。

因为金融资本是成倍运用金融杠杆进行运作，其高收益一直与高风险伴生，但收益与风险仍然是不对称的。但"发达国家的金融危机，就是金融危机，顶多恶化成经济危机。发展中国家的金融危机，不仅每次就是经济危机，而且经常递进成社会动乱、政权颠覆、国家分裂"。

二、资源性致贫与制度性致贫是贫困问题的本质

贫困是问题，但并不是贫困地区和贫困人口本身的问题。究其实质，是现代化发展进程中的制度性致贫，是制度收益和制度成本不对称带来的结构性偏差。据此看，全球资本化的经济收益如何分配以及发生的成本如何分摊，构成化解贫困问题的一对基本矛盾。

（一）资源性短缺致贫

"大国小农"是我国的基本国情，人多地少是长期以来的现实矛盾。[①]根据联合国粮食及农业组织统计，2015年世界人均耕地面积为0.19公顷，而我国的人均耕地面积仅为0.09公顷，远远低于全球平均水平和世界主要发达国家水平。[②]同比人口和面积与中国较为接近的是印度，但我国的人均耕地面积也小于印度人均耕地面积的0.12公顷。而对比整体农业环境的可耕地指标，中国仅为22.62%，印度则达到87.06%。[③]我国人均占有的耕地面积只有世界人均水平的47%，而人均占有的草地面积、林地面积和淡水资源量比上述水平还要低。由于农业人口比例占总人口比例较高且远高于发达国家，我国农民实际人均经营的耕地面积更是远远低于

[①] 温铁军：《"三农"问题与制度变迁》，中国经济出版社2009年版。
[②] 根据世界银行与国家相关部门统计数据，我国人均耕地面积在所有国家中排名中等水平，低于主要发达国家。
[③] 《综合比较中国与印度农业环境指标中土地的可耕地指标》，联合国粮食及农业组织网站，http://www.fao.org/faostat/zh/#compare。

发达国家水平。

由此可见，人均资源禀赋不足是我国农户的首要特征。水土资源是最基本的农业生产资料，在农业领域资源要素极度稀缺的条件下，单纯依靠农业收益不足以支撑小农家庭的生产和生活，更遑论广义脱贫和奔小康，因此，资源性贫困在中国是具有一般性的普遍问题，如果不能给农民创造自主从事多元业态来获取收入的条件，则贫困不可解。

随着加速推进工业化、城镇化和农业现代化，一方面部分地区凭借资源优势和制度优势取得了重大发展，率先实现致富，但另一方面贫困地区深陷贫困的恶性循环，经济发展长期滞后。究其原因，除了农业领域自然禀赋的不足外，还在于贫困地区在工业化阶段很难自主地将资源禀赋转化为工业发展稀缺的要素，以实现资源资本化。

由于贫困地区和贫困农村基本上都存在地形地貌复杂多样、土地资源短缺、基础设施薄弱、交通区位偏远、生态开发难度大的表征，缺乏城镇工业化产业布局的基本条件，所以外部主体进入贫困地区发展工业产业的交易成本奇高。

道格拉斯·诺斯（Douglass North）认为，现存的制度环境与制度安排决定交易机会与成本—收益结构，从而决定了经济增长的收入流以及速度。[1]信息不对称使得作为信息搜寻费用的交易成本阻碍经济发展，造成贫困地区既缺乏外部资本注入的动力，也难以形成自我资本积累，由此而不可能实现从基础农业向增值效

---

[1] 孙方、李振宇:《诺斯与马克思:制度变迁的动力比较》,《理论学刊》2014年第11期,第10—14页。

益高的第二、三产业转型升级。

同时,大城市和沿海地区的城乡两极分化也在加剧,因为在城市中心区域增长极的虹吸效应影响下,农村劳动力、资本要素随着城市化进程大量外流,分散小农生产的初级产品与工业品价格差持续递增,生态资源丰富型贫困地区的农村经济价值大量外溢,加之承受复杂沉重的生态治理成本,自我造血和积累的能力非常有限,从而出现资源性条件短缺导致的贫困。

(二)成本收益不对称制度性致贫

在以资源资本化为实质的经济发展过程中形成的增值收益如何分配,以及该过程中发生的"负反馈"如何分摊,是制度性致贫的核心问题。中国作为一个发展中国家,客观上存在着高速现代化进程中国民经济不同发展阶段形成的内部发展不平衡问题和内在差别,使发展产生的收益先被资本积聚的城市和相对较高收益的产业占取,贫困地区和农村则承担了发展过程中的代价,这主要体现在三个方面:其一,新中国成立初期形成的城乡二元结构,作用是从农村提取剩余作为城市工业的资本原始积累,却也造成农村要素长期净流出。[1] 其二,将东部产业向西部转移,从而使区域分化成为一种内在结果,让中西部欠发达区域承载了东部发达区域的发展成本,制度成本转嫁是西部地区落后的原因。其三,产业差别,过去主要是指工农差别,今天则主要意味着金融部门和其他实体部门的差别,以及金融资本和产业资本之间的矛

---

[1] 温铁军:《中国农村基本经济制度研究》,中国经济出版社2006年版。

盾导致的收入分配差别。①

相比先发地区，贫困地区长期在资源、资本和技术等方面存在制度性短缺，并进一步造成资源、资本浪费和技术停滞，输入要素匮乏，贫困难以消除。同时，在产业资本主导发展的历史时期，贫困地区在经济、教育、医疗、文化、政治等方面制度的供给与市场经济之间存在错位，原有框架内占有收益的利益集团进一步获取增量收益并向贫困弱势群体层级转嫁制度成本，很难仅靠被外部产业资本占有利益的开发方式来改变在地民众的贫困状态。

三、新举国体制下的中国脱贫经验

在全球化竞争中，中国作为一个人口最多而资源禀赋相对不足的发展中国家，能取得如此大的扶贫成就，得益于自新中国成立以来就一以贯之的举国体制，既对不同发展阶段造成的发展不平衡状况有清醒的判断，又对发展代价进行内部化处理。由此，实现了一定历史阶段制度成本和制度收益的相对均衡，构成了具有中国自身制度优势的扶贫经验。

一般市场条件下，成本和收益是对等的，农业实现产业化和二产化都需要有土地、劳动力、生产技术和资本等稀缺性生产要素的投入，进而通过符合生产力要求的组织形式实现对要素的结

---

① 温铁军,王茜,罗加铃:《脱贫攻坚的历史经验与生态化转型》,《开放时代》2021年第1期,第169—184+8—9页。

构性组合。以传统小农户为主的农业发展经营模式,依托的主要是土地革命赋予的土地财产,近乎零成本地获取了土地要素,又因农户家庭劳动力的内卷化而不将自身对农业投入的劳动和传统沿袭的农业技术计入成本,也许能维系低成本的简单再生产,但却无法支付市场化的教育和医疗的高消费,更无形成积累的可能。而产业化的升级需要追加要素投入,使得大多数贫困地区在各项投入要素近乎为零的情况下要依靠自身实现产业化几乎是不可能的。

但脱贫攻坚战役打响后,新举国体制的策略方式,就是国家直接把长期流出的资金要素以"看得见的手"回推到贫困地区。一是财政投入规模不断加大。脱贫攻坚8年期间,中央、省、市、县财政专项扶贫资金累计投入近1.6万亿元,其中中央财政累计投入6601亿元。在2020年12月2日国新办举行的新闻发布会上,财政部公布2020年中央财政专项扶贫资金达到1461亿元。二是通过地方政府债券资金、政府性基金、精准扶贫贷等金融工具加大脱贫攻坚投入,引导金融、社会资本服务国家脱贫攻坚战略。其中扶贫小额信贷累计发放7100多亿元,扶贫再贷款累计发放6688亿元,金融精准扶贫贷款累计发放9.2万亿元。"十三五"期间,累计安排政府债券限额3849亿元专门支持易地扶贫搬迁、贫困村提升工程等脱贫攻坚重点项目,累计安排中央专项彩票公益金100亿元支持贫困革命老区脱贫攻坚。三是加强区域协作扶贫行动投入。土地增减挂指标跨省域调剂和省域内流转资金4400多亿元,东部9省市共向扶贫协作地区投入财政援助和社会帮扶资金1005亿多元，东部地区企业赴扶贫协作地区累计投资1万多亿元，等等。①

各项扶贫资金和涉农项目的投入使贫困地区有了很大一部分无风险资产和产业发展的要素条件，而快速布局形成的一产农业、二产加工业和三产旅游服务业本身，并不内生于贫困村社原有的产业基础，而是国家精准扶贫战略对贫困地区安排的"飞来的产业化"，是对农业产业要素的逆向配置和生产关系的重构。

因此，客观而言，取得脱贫攻坚的决定性胜利，核心在于乡村产业要素和治理成本的外部性支付，但国家重资产投入派生的产业增值收益却只用于贫困群体的内部化共享，实际是获取了新时期国家重大战略调整的综合性制度收益。

在新举国体制下，不同于资本主义国家和一般发展中国家，中国通过对国家资本的社会化改造，直接将财政和社会投入向贫困村、贫困户做非市场性的财产处置和分配，体现有利于社会平衡、公平的渐进转型的社会主义制度安排。同时依托大规模国家投入改造贫困地区生产条件，突破自然约束，形成新的生产力，使贫困地区有资本积累进而实现产业层次升级，进入新发展阶段，从而化解绝对贫困问题。

因此，中国经验应该被归纳为"制度性减贫"——利用"新举国体制"的优势调动一切积极力量完成消除贫困的国家战略。②尽管在脱贫攻坚工作当中也有很多不足和争议，但党的十八大之后确立了2020年全面消除绝对贫困的目标，代表国家意志的中央

---

① 数据来源：根据国务院发展研究中心、世界银行《中国减贫四十年：驱动力量、借鉴意义和未来政策方向》整理。

② 温铁军，刘亚慧，董筱丹：《中国式扶贫的历史意义与世界意义》，载中国社会科学院国家全球战略智库、国家开发银行研究院主编《国际减贫合作：构建人类命运共同体》。

政府直接使用"看得见的手",将资金、技术等相对稀缺要素重新配置回农村,同时也调动各种社会资源打赢脱贫攻坚战。这些措施如果仅从微观机制看,似乎有悖于市场经济的原则。但从宏观调控角度看,却有化全球化之危为内循环之机的作用——既能够使贫困人口数量及其占比都有明显下降,也有效缓解了城市产业资本遭遇外需下降而引发的生产过剩危机。

综上所述,中国的新举国体制优势,在面对西方自由主义制度不断将矛盾向底层弱势群体转嫁,进而导致严重的社会不稳定和国家安全问题的内外部严峻形势时,发挥了保障社会稳定和维护国家基本安全的重要作用,体现了中国特色社会主义的制度优势。中国在超过半个世纪的时间里对世界减贫事业作出的重大贡献,本就是综合性的制度成果,不宜简单化地就扶贫而论扶贫。

尤其是2003年提出"科学发展观"以来,经过10年重大调整,我们于2013年正式确立了"生态文明战略",把包容性可持续长期均衡发展作为目标。在21世纪的国家重大转型战略之下,缔造了在全党全国各族人民的不懈努力下形成的全面减贫成就。

为此,宏观与微观相结合地客观总结这个既有远见卓识,又有脚踏实地的国家经验,无疑对彰显中国特色社会主义制度的优势有重要的历史意义,对世界上其他发展中国家有明显的借鉴价值。

四、乡村振兴是巩固脱贫攻坚成果迈向共同富裕的必由之路

世界上弱势人群的最大比较劣势，是资本高度稀缺，而其根源则是自我积累低下。据此看，海外那些基金会选择目标贫困户去做救济的反贫困方式一般都"杯水车薪无济于事"，甚至"越救越贫"。

近年来，中国以新举国体制全面打赢脱贫攻坚战。其间最为关键的经验，一是针对弱势群体无力自主资本积累的基础性问题，由国家资本承担了"重资产"的投资责任；二是派生出实行"新举国体制"的需求，遂带动财政、金融和社会资本，以及一切优惠政策向"三农"倾斜，累计投入超过十余万亿人民币，若按照九千万贫困人口做平均数，大约人均十几万、户均几十万。这类规模化投入大大改造了农村和偏远地区的生产条件，以往缺乏资本积累能力的农民及其他乡村弱势群体，有了轻资产作为开发新生产力要素的条件，逐渐形成了自主积累能力。这是有利于向社会公平和平衡发展转进的制度安排。

但脱贫摘帽不是终点，而是新生活、新奋斗的起点。中共中央、国务院强调，在打赢脱贫攻坚战、全面建成小康社会后，要在巩固拓展脱贫攻坚成果的基础上，作好乡村全面振兴这篇大文章。做好巩固拓展脱贫攻坚成果同乡村振兴有效衔接，关系到构建以国内大循环为主体、国内国际双循环相互促进的新发展格局，关系到全面建设社会主义现代化国家全局和实现第二个百年奋斗目标。这种全局性的战略当然还会伴随大规模投资，增厚国家留

在乡村的资产。

由此可见，实现巩固拓展脱贫攻坚成果同乡村振兴有效衔接，一是在内在机制上要把村集体经济做为微观载体，使这个巨大资产在财产关系上得以有效衔接；二是要以农业供给侧改革带动城乡融合的社会化创新；三是通过数字乡村建设，与城市各类消费者大数据对接，通过大数据整合真正将人民大众对美好生活的向往和乡村生态资源资产做精准化的匹配。

综上所述，我们要打造生态经济和数字经济两架引擎。

可见，怎么确保不出现大规模返贫？怎么才能让巩固拓展脱贫攻坚成果同乡村振兴有效衔接？最有效的手段就是通过"三变"改革重构新型集体经济，从而盘活脱贫攻坚时期国家投入的大量设施性资产。在脱贫攻坚时期，国家向农村投入了大量的资金用于农村基础设施建设，形成了数以百万亿元的设施性资产。这原本是为发展集体经济提供了一个极好的机会，但由于种种原因，国家投入到基层的这些资产没有被盘活。党的二十大确立中国式现代化之后，要想让农民，特别是脱贫农户得到更多的财产性收入，就必须借助乡村振兴后续投入，及时建立县乡村三级合理的财产关系，才能使巩固拓展脱贫攻坚成果同乡村振兴有效衔接。方法就是我们一直以来谈到的"三变"改革。

在具体路径上，首先是要深入贯彻习近平总书记"两山"新发展理念，借助数字乡村建设助推农村非标资产交易，构建符合其交易特征的要素市场体系，培育农村生态要素开发运营主体。只要完成重构新型集体经济组织，并通过公司化改制形成代表村内整体利益的社会企业，就能整合村内分散占有使用的生态空间资源，就能对外对接社会投资，对内对成员进行合理分配。这种新型集体经济组织以追求收益在地化和社会化为目标，既符合空间生态资源开发与"资本深化"结合的质量效益型市场经济要求，又能体现"空间正义"原则。

其次，生态文明内生性具有的多元化，有利于通过要素升级带动在地"六产融合"的新业态创新，实现"生态产业化"和"产业生态化"，最终以生态资本深化带动生态的价值化实现，并通过集体经济的内部分配提高农村财产性收益，促进共同富裕。具体来说分为三个方面：

（一）深化农村"三变"改革，重构新型集体经济

首先，村集体经济组织应作为资源开发的主体。

因为，传统村社的生产生活边界、村社的产权边界和自然生态边界往往在一定程度上是重合的。而且，无论是从物理角度还是从产权角度看，这些村庄内的资源对外具有较强的排他性，对内则遵循传统村社的共同体逻辑和现代集体经济的制度框架，农户按照得之于村社的"成员权"，相对公平地占有资源。这决定了无论是从传统习惯、现代产权，还是从自然特征来说，村社都应该是相对完整的一级资源开发单位。

此外，村社做为资源开发的微观主体，加强组织建设，则可以发挥中国农村传统的"村社理性"的作用，最大程度降低外部主体进入乡村的交易成本，最大限度地实现在地资源资本化及其收益分配社会化。

第二，国家信用"以投作股"重构新型集体经济。

中央政府采用国家信用配合政策手段反哺乡村，为农村发展壮大新型集体经济，推动生态资源价值化提供了机遇。国家在过去十几年已经对农村做了高达十几万亿元的投资，随着乡村振兴战略的实施，未来还有更多的政策资金投入农村。国家的财政投入在各部门的账面上属于公有制资产，但由于形成的资产大多数在农村，使各部门客观上面临"管不了，管不好，管起来不合算"的困局。因此，为了缓解政府债务压力、带动农村生态空间资源增值，可以在各部门保留所有权的前提下，把国家投资到村内形成的财产及收益交由村集体占有，并对村民做股权分配，以吸引村民把分户占有的资源性资产按照约定比例做股到村集体，并产生杠杆作用带动村集体经济及其投资人做后续的维护性开发投入。新型集体经济有了"第一桶金"后，可通过"三变"改革构建多元股权结构和分红机制。

第三，鼓励新型集体经济组织按照社会企业性质做公司化转型。

新型集体经济的经营方式，不能沿袭追求私人经济利益最大化的经营路径，而需要采用追求社区社会效益最大化的社会企业方式。村集体也因其多功能性，而内生地具有社会企业所要求的社会与经济双重属性。"社会企业"作为一种追求社会整体效益最大化的企业类型，强调运用市场机制、商业手段创新整合社会资源、发展生态经济、解决社会问题，特别适用于推动乡村产业发展和社区建设。

新型集体经济作为社会企业开展经营，核心机制在于内部股权的多元化设置、收益的社会化分配，以及在地化的产业经营，这符合国家"十四五"规划确立的"把产业留在县域,让农民分享县域产业的收益"目标。采用社会企业方式,有利于培育农村集体经济组织和农民合作社作为市场主体,活化资源;有利于以村社为基础边界构建多元股权结构,并以此构建生态空间资源开发的产权结构,重构与生态空间开发相适应的生产关系。

综上,国家的长期基本建设投资和社会资本的项目投资的交互作用,将激活过去难以开发的沉淀资产,同时拉动县域生态空间资源产业化发展。这里的关键在于"三变"改革中的农民权益股份化,农民有股权,县域经济发展的收益才能被农民长期共享。

(二)以"激励相容"的机制设计,促进乡村善治

第一,"精英俘获"使国家治理进入"现代化"陷阱。

以委托—代理理论的视角来看,产生"精英俘获"问题的原因在于:乡村集体经济完成股份化改制后,整个村庄作为一个整体属于委托人,而以村干部为主的乡村精英群体则属于乡村发展的代理人。与此同时,部分村干部在社会中往往还兼有中小企业主的身份,这就使得委托人追求社会综合收益最大化的目标与代理人追求个人、企业利益最大化的目标之间存在冲突。在没有重构经济基础,集体组织不能发挥中介作用和缺乏公平分配的组织化载体的情况下,国家大规模投入改善乡村发展条件的善意伴随着产业资本下乡容易被村内外"精英俘获",最终导致投入愈大,治理恶化愈严重,治理成本愈高。若照此路径演化,则乡村必定陷入生态环境崩坏、经济发展停滞和社会治理失序的总体性危机当中,而这又会进一步影响国家层面的治理、稳定与发展,使国

家面临掉入"现代化"陷阱的危险。因此，需要发展新型集体经济组织，形成乡村资产的经营管理主体，打造维持乡村稳定和改善乡村治理的关键载体。

第二，构建"激励相容"，平衡个人利益与社会综合收益。

"激励相容"指制度设计者在不知道所有个人信息的情况下，所制定的机制要给每个博弈参与者一个激励，使参与者在最大化个人利益的同时达到机制设计者预设的目标。只有让已经形成和存在的乡村精英群体既遵循个人利益最大化又遵循股份化改制的乡村经济所要求的社会综合收益最大化，构建出"激励相容"的机制，使得二者目标达到统一，才能实现乡村整体利益的最大化，为乡村积累必要的经济基础，进而支撑"三治合一"，达到治理有效的目标。

第三，将自治、法治、德治三者有机结合，促进"三治"协同增效。

自治是基层社会治理的内在原则，法治是基层经济治理的内在要求，德治是基层政治治理的价值导向。"三治"协同增效与固定的地理边界相重合，是"三治"中成员权机制发挥有效性的重要前提。比如，公司治理时常会有职业经理人不稳定的问题，在"三治"协同增效中，依靠地理空间和成员权的绑定，加大了其道德风险和逆向选择的成本——成员的流动一般代表成员权被剥夺或开除，对于集体成员来讲是特殊的惩罚机制，意味着与成员权绑定的财产和相关权利的丧失，这种村治中的成员约束机制反而增加了公司治理的效率。

（三）数字乡村建设促进城乡融合助推生态产品价值实现

以数字乡村建设带动城乡融合，既是激活传统资源要素的重要手段，也是创造新型内需市场的重要方式。根据中国社会科学院2016年10月份的报告，中国已经进入中等偏高收入国家行列。虽然针对中等收入群体的评价与计算方法还没有统一标准，但中国中等收入群体的不断壮大却是不争的事实。这一群体主要集中于城市，拥有较高的收入水平和科学文化素质，追求更高的生活品质，具有多样化和绿色的生活消费需求。与此同时，城市资本也在寻找新的投资领域。农村作为三产融合、"六产化"开发的空间载体，农村生态空间资源作为新业态价值源泉，也将成为投资与消费的主流。不同于土地、资本、劳动力等传统经济要素，作为空间资源要素的"山水林田湖草"本身就是一个具有"结构性粘滞"特征的生命共同体，其与乡村地理边界高度关联，且同时具备"三生"属性。

因此，在城乡融合发展中，数字乡村建设是降低市民信息获取成本的重要路径。一旦实现了数字资源的上链与共享，就能够吸引并带动市民下乡、青年返乡，相关资源得到有效整合与配置，势必能加速乡村生态资源的开发。如通过"互联网+农业""互联网+景观"等方式，发挥社交网络和自媒体的口碑传播效用，依据当地自然生态禀赋，打造与之相互依存、和谐共生的多样性生产和生活方式，将具有本地特色的农耕文化与休闲疗养、自然教育、风俗猎奇、手工编织、餐饮住宿等结合起来，形成一二三产业融合发展态势，盘活在地资源并促进资源收益内部化。

伴随着"互联网+"技术在各产业的广泛使用，互联网内生的公平分享机制，使生态资源在生产组织环节能够分散到不同的产权单位，而不直接对应于某种特定类型的微观组织。私人盈利性公司、合作经济组织、集体经济投资的公司、社会型企业等，都可能是有效率的产权安排形式。在生产组织分散化的同时，生产主体的生产数据可以接入统一的数据系统，过去几年间的经营状况、业务流水等信息都可以被精准地掌握，金融资源就可以以此为接口，反向在其中寻找出优质客户。同时利用网络数据平台，引导市民下乡创业，形成大众创业、万众创新的生动局面，无数个小微企业就会成长起来，还有志愿者参与其中，真正实现社会大众的广泛参与，实现"生态产业化"和"产业生态化"。

思考 11

新型农村集体经济要学会吃租[①]

POJU
XIANGCUN
ZHENXING

[①] 本文根据温铁军教授2020年8月在成都市郫都区战旗村、资阳市雁江区晏家坝村考察调研中的思考,以及给当地干部专题讲座内容整理而成。

发展新型集体经济，是近年来中央对深化农村改革和实施乡村振兴战略提出的一项重要任务。2018年，习近平总书记在十九届中共中央政治局第八次集体学习时指出："要把好乡村振兴战略的政治方向，坚持农村土地集体所有制性质，发展新型集体经济，走共同富裕道路。"党的二十大报告指出："巩固和完善农村基本经营制度，发展新型农村集体经济，发展新型农业经营主体和社会化服务，发展农业适度规模经营。"

近年来，各地涌现出许多发展新型集体经济的探索实践，我们团队到各处去学习调研，受到了很多启发，这值得总结和借鉴。

一、集体经济是收租经济

什么是集体经济？我们在诸如战旗村这样的名村学习到的结果是：集体经济是收租经济。这不是我们想出来的，而是从战旗村书记高德敏的实操经验中得来的。

今天中央提倡搞集体经济，很多人不知道集体经济是干什么的，今天战旗村的经验告诉我们，集体经济主要不是搞生产，而是学会创造租、提高租，然后吃租。

过去在旧社会，地主是干什么的？是吃租的。除了收租他还干什么？地主至少是掌握了他这块土地上的生产情况，也就是信息，佃农能生产多少，哪些佃农适合种哪些地，应该给他配牲口，还是配农具，等等。这些在传统农业管理上的管理责任是地主的。再进一步，地主当时收的是实物租，打下多少稻谷，大家按照定额来分成，比如四六开还是五五开。租佃双方按定额分成，地主成规模地集中了地租，主要是集中了粮食，也集中了棉花或其他商品化程度高的农产品。这些产品肯定不用于自己吃，于是就变成了一个零成本地获取最大化的农业剩余向市场供给的规模流通主体。所以在旧社会，在我们没有开展土地革命之前，地主作为土地所有者的主要功能是通过收租形成可供规模流通的农产品。

同理，今天农村集体是土地的所有者，也是村域资源的所有者，当然和以前的地主在政治上性质不同。现在的集体需要去干活吗？就像地主会去干活吗？不需要。如果我们一定要让村集体除了收租之外，还得去干农活，那就无异于过去让地主下田去干活，让佃农们进城打工，位置就颠倒了。当然不是说过去一定对，没有对错，我们只是打个比方。

大家看现在还有一些集体经济的典型，比如华西村，华西村是把自己的土地上全部"种"了厂房，"种厂子"不种地了，于是收的是厂租。再看广东珠三角"四小虎"，顺德、佛山、南海、中山这些发达的农业地区，更不用说了，村集体在干吗呢？全都在收厂租、收房租。那么战旗村，在收什么租呢？在收"资源租"，在收"风景租"，在收"铺租"。乡村十八坊也好，小吃街也好，妈妈农庄也好，所有这些资源资产都是租出去给租户，然后村集体吃的是"铺租"，就是"商业租"。想想这就变成什么呢？过去的地主收的是"第一产业租"，华西村收的是"第二产业租"，广东"四小虎"收的是"第二产业租"，战旗村收的更高级，是"第三产业租"。有时候大家说"我们搞不了集体经济""我们村什么也没有"，那是因为没有把村集体放在"吃租者"的地位上。

所以，搞集体经济是做什么，是吃租。农业社会吃的是地租、农业租，工业社会吃的是厂租，现在是生态社会，吃的是资源租、空间租，也是铺租。战旗村搞民宿、农家乐、休闲农业，其实是分享了"床板"租。

成都市委市政府积极贯彻落实习近平总书记考察指示精神，提出要加快生态价值转化，让成都变为"雪山下的公园城市"。我们在战旗村很轻易就能看见雪山，那很重要的收租题材就是"雪山脚下的唐昌""雪山脚下的战旗"，甚至可以说是"都江堰精华灌区的战旗"。总之，我们今天的集体经济想要有发展，就应该把集体收租的租源搞得多多的，把超过集体之外的不能收租的资源搞得少少的，这集体经济就发展起来了。

二、通过"三变"改革拓展集体经济租源

大家说到集体经济的时候，就常会诉苦说很多地方空壳村，已经都分了，没有东西了，我们还怎么发展集体经济。就是因为还没有把自己脚下的资源，没有把村集体能够掌控的那些资源变成收租的租源。很多地方搞不起来的原因是还没有搞清楚当地的租源是什么。这就体现了"三变"改革的重要性。

（一）资金变股金——集体经济的资产来源及政策基础

中央文件讲"三变"改革，第一条是资金变股金。这个说起来很容易，大家都知道资金可以变股金，但是什么资金变为什么

股金，讨论得还不够。现在是中央要求农村贯彻发展集体经济的方针，各级组织部都有发展集体经济的资金，这个资金如果撒了"胡椒面"，那就等于没有把资金变股金。

很多地方把投到农村的项目资金先全部变为集体的流动资金。比如给村里搞项目，下达到这个村子的时候，项目资金直接变为村集体的流动资金，然后集体使用资金对本村劳动力"以工代赈"做项目，就形成集体资产了，就消灭了集体经济空壳村。

资金变股金，什么资金呢？政府投到农村的项目资金变成集体的流动资金，这些项目形成的资产变成集体的固定资产，不就是资金变股金了吗？很多人说集体是空壳，是因为大家长期以来没有把资金变股金这条中央政策落实到位。

一些地方要求村内项目必须招投标，还必须得第三方评估，建设上也必须得交给那些有资质的公司……这些要求，其实是给"跑冒滴漏"制造了无数机会，就是不愿意把资金变为村集体自己掌握的股金。于是当这些被第三方拿走的项目下到村里的时候，就会出现我们的部门"管不了、管不好、管起来不划算"的问题。只有把资金下达到村，变成村的股金，村里面组织劳动力去修建这些设施了，才能管好，有了问题才能及时解决。

政府下设到村里的项目，过去都是按照城市建设的方式搞招投标，但其结果并不好。所以，为什么不能把国家下拨乡村建设的资金直接给集体呢？反正都是要发展"三农"的资金，与其各个部门自己管着，不如资金变股金，按照中央要求搞"投改股"给村集体，现在很多地方试点县都已经有成功经验了。如果不放心，投入资金的部门可以保留所有权，把处置权、分配权、收益权等一概下到村集体，由保留所有权的单位监督，保证投到农村的基础设施资产不被私有化。也可以以多个部门的所有权做股，在县级构建一个平台公司来对接县域金融、发展全域集体经济，这里面可以有各种各样制度性的调整和组织结构安排。各地应该考虑如何借助中央提出的加强集体经济的政策工具，来调整本地的"三农"结构。

说到底，调整结构也是要借助"三产融合"的新政策，把集体的租源搞得多多的。

新世纪以来的政策演进体现了实事求是的精神，在生态文明重大战略转型之前，我们相继提出了科学发展观、和谐社会、农业免税政策等，随着新农村建设这一由国家承担投资责任的战略的提出，国家开始大规模向农村投入基础设施建设，把水、电、路、气、宽带的"五通"送进了行政村。

国家大规模向农村投入是从2005年开始的，这就把家庭承包制初期农村的绝对地租变成了当代的"级差地租"。

过去的地主，如果把土地整平整了，有了对土地的投入，就意味着产生了"级差地租I"。如果农田高低不平，没有修整，那就只有绝对地租。诚然，对这种耕作条件差的田地，地主一般愿意租给那些干活能力不强的人；而平整过的能够有较高产出的土地，则会租给人高马大能干活的人，因为这样产出高、产生的租量也大。

2005年开始的新农村建设，最先搞的就是农田水利基本建设，让水、电、路、气、宽带都进村，意味着把农村中过去只能产生的绝对地租变成级差地租。而这原本是发展集体经济的一个极好机会，使集体可以多吃租。只有产生增量租的时候，村集体跟农民之间的再分配关系才能建立。但当时相当多的资源漏出了，或者说本来产生了级差地租，但这个租值耗散①了，散哪去了？很可能是"跑冒滴漏"了，也可能是"精英俘获"了。

虽然那一轮的新农村建设确实缓解了农村投入不足问题，提高了农村产生租值增量的可能性，但是并没有带来农村集体经济的恢复和发展，主要原因应该说是没有形成明晰的政策导向。中国的体制建设是不断进步的，于是现在新的指导思想就强调，要加强党的集中统一领导，把"三变"改革、重构新型集体经济当成一个由组织部门②来贯彻的任务，虽然组织部不是经济部门。事实上，过去搞"五通"进村的部门，一定程度上形成了固定的利益分配。把部门投到农村的设施性资产做股变成农村集体的资产，有些部门可能想不明白，总会以为这是自己部门投入到基层的资产。但，这在性质上是国家投资，只不过是通过某个具体部门投下去的。

经过过去15年的大规模投资，农村形成了巨量资产，但是没有让这些资产变活。我们不能默许国家这么大规模资产投到农村以后变成一个沉淀资产。所以，要能够将这部分资产激活并交给村集体，由广大农民股东盯着，同时也把群众发动起来了。如果把这些投到农村基层的资金，包括投资形成的设施性资产，做股

---

① 租值耗散理论，指本来有价值的资源或财产由于某种原因，其价值降低或价值消失的情况。参考张五常《经济解释卷四：制度的选择》第二章"科斯定律与租值耗散"（中信出版社2014年版）。
② 各级党的组织部门负责农村基层党组织的建设，承担党建引领乡村振兴、党建引领集体经济发展的任务。

量化到村集体，空壳村就没有了。实际上，很多村集体觉得分光了，是因为没看到这些年国家所投入的上千万的资金项目。

近年来中央提倡发展集体经济，很多人以为是要走回头路、走老的计划经济的路，这完全是一种误解。这么大规模的资产沉淀在那里，是没有办法把这些资产交给私人或个体农户的。农村现在这种分户经营模式，每家每户都可归类的"小土地出租"，在像川西平原这些人均不到一亩地的地方，农户很难实现产业化。

这些年投到农村的资金，几乎让所有的农田基本建设完成了改造，各村以"五通"为主的基本建设也已经完成绝大部分，很多农村现在是连户这一级都硬化了道路。这都是资产，都是国家投入的。这个资产要变成有效资产，就得有人来使用它，使用过程中产生的收益就得有人来分享它。所以，今天发展集体经济的条件具备了，当年条件是不具备，因为那时候还没有大量投到农村的沉淀资产。总之，现在我们讲集体经济"资金变股金"，第一条就是要考虑怎么把这些沉淀的资产激活，变成集体经济的固定资产，怎么能把现在的项目资金投给集体经济，变成集体经济的流动资金。

（二）资源变资产——由"平面租"到"空间租"

乡村振兴要和生态文明结合。作为国家战略的乡村振兴，为我们的农村集体经济"三变"改革带来了什么？第一是带来了巨额的资产，第二是当国家要求转型为生态文明发展的时候，村集体面对的是"空间租"，这跟过去农村工业化时代的"平面租"具有内涵性的根本变化。

今天人民日益增长的消费需求是什么，特别是中等收入群体的消费需求是什么，是文化和生态消费。对生态资源的开发，意味着要收的资源"租"发生了一个质的改变：过去收的租是平面租，无论地租还是厂租都是平面租；今后要收的租，那个租值增量就得从空间生态资源来，据此收的就是空间租。

案例 17

"南国第一村"的吃租经济

万丰社区，原名万丰村，属于深圳市宝安区新桥街道管辖，面积3.6平方公里，下辖5个村民小组。20世纪80年代初，有人口1700人，是个典型的单一姓氏村落，99%以上的居户都姓潘。之前村庄有水田1800亩，旱地2000亩，人均可达2.2亩，也是一个典型的岭南传统农耕村落。改革开放初期，依靠临近香港的区位优势、廉价的土地和劳动力，形成典型的厂房租赁经济，吸引了大量香港"三来一补"落户工业园。鼎盛时期的20世纪90年代，被誉为"南国第一村"，是珠三角外向型经济发展模式带动下的典型农村。

1982—1984年首批引进5家来料加工厂；1985—1993年，共引进来料加工厂近70家；1994—1996年又增加了35家，前后13年时间内，共引进企业100多家，吸纳外来工6万多人。据1999

年统计，村集体总收入1.61亿元，村民平均收入31000元，在万丰的工厂企业进口额为26亿港元，出口额为25亿港元。村集体向国家上缴税费600多万元。截至2002年，万丰村拥有集体厂房、宿舍共647幢，计1699423平方米，村民新建住宅1328幢，计344383平方米，商店785间。依靠租赁经济，万丰村民的生活很早便达到了小康水平，形成了"股份制户户致富，共有制人人当家"的局面。

目前，这种租赁经济还在珠三角地区的许多城中村继续存在。当地村干部介绍，截至2016年底，万丰社区净资产2.8亿元，固定资产总值约1.28亿元。社区工厂入驻企业800多家，个体经营户1000多家，厂房面积120万平方米，工人宿舍34万多平方米，社区出租房58000多间。

资料来源：摘自陈高威的硕士学位论文《农村社区经济发展与治理变迁相关性分析——以深圳市万丰社区为例》。

我们认为，空间生态资源开发是个新的领域，和过去工业化时期的平面资源开发领域相比，本质上是两个概念。

举个例子，一般在城市里因为光污染，要想仰望星空难度极大，在北京这类大城市都很难看到星空。星空是什么资源，典型的空间资源。所以，集体经济应该瞄准如何产生租源增量，要紧跟中央提出的生态文明发展战略，把当地的生态空间资源变成集体可以收租的增量资源。

我们团队的董筱丹老师前不久在四川的一个村子里研究调查，

发现该村种果树,到了花季的时候一大片花海,美极了,但是村集体不擅于把这个空间生态资源当成它收租的资源,遂有投资公司在这里盖了一个饭店,于是整个空间生态资源——最优质的花海,变成了这家公司的床板收益,种果树的农民没有空间资源开发的收入,村集体也没有收入。她从这个案例中得出了一个说法,叫做空间资源开发的"非正义"。因为它不是当地的集体收入,而是被外来投资者把这个空间资源占有了,这个租值耗散掉了。虽然,租源是在增加,但是村集体没拿到,就因为没有空间生态资源开发的概念,没有意识到自己的生态空间资源也很值钱。很多地方想的是一块山地种了果树能多摘点果子,这还是第一产业收益的概念,还是平面资源开发的概念,思维太保守落后了,好好的空间生态资源租就丢了,说集体经济搞不起来,反而让少数人非空间正义地获利,这不符合中国特色的社会主义,也不符合新时代发展要求。

再举个例子,前不久在福建霞浦县一个沿海的滩涂上,兴起了一个现代的摄影产业,各地的摄影爱好者都跑到那里去。那里的一张床一晚上是2000元,为什么这么贵?因为独特的生态资源是稀缺的,一张床的价值还涵盖了斜阳、海滩、海风、海景、渔民,还有滩涂上插的渔民那种杆子和网。过去那里渔业是第一产业——捕鱼赶海,滩涂就是第一产业的收益。现在一下子从第一产业跃升为第三产业——摄影产业,来这里的人随便一个背包里的设备就值多少万,这些都是高端客户。高端客户背着多少万的设备就为了来拍这一缕斜阳,他们不在乎一晚上2000块钱的床位。蹲在那里一两个星期,就是为了拍一张好照片,那里变成了摄影网红打卡点。这个资源，不是一产的滩涂，而是朝阳和夕阳，那一缕斜阳射向这片滩涂的时候，演变而出的是景观资源，是极为稀缺的空间资源。

案例 18

福建霞浦县吃上了生态价值饭

地处福建省东北部的霞浦县，是福建省海域最大、海岸线最长、岛礁最多、浅海滩涂最广的沿海县份，集"山、海、川、岛、林"于一体，海上日出、海岸滩涂摄影享誉国内外，拥有"中国最美滩涂""2022美丽中国首选旅游目的地""2021中国最具文旅投资价值县"等荣誉称号。

近年来，霞浦县坚持全域旅游与生态文明、乡村振兴同规划、同推进，通过海滩、海岸、海岛"点线面"结合，引导全域旅游差异化、特色化、一体化发展，形成以滨海旅游、摄影旅游、民宿旅游、历史文化旅游等为示范带的全域旅游发展新格局。依托优美的海岸线景观和摄影资源，霞浦县每年吸引60多万人次前来观光摄影。纷至沓来的摄影爱好者，不仅带动霞浦服务业的发展，也衍生出民宿、渔模等新型行业，直接带动人民群众增收致富，有力推动了三产融合。

截至2022年6月，全县共有各类乡村民宿400多家、房间数近6000间，年接待游客量50多万人次，年营业额2亿多元，直接带动群众就业近2万人。

资料来源：根据团队实地调研及中国新闻网相关报道整理。

通过前面的分析，我们讲清楚了，生态化形成的租源，产生于从平面的资源开发变成空间立体资源开发的租值升级。再进一步分析，我们需要思考空间资源的特点是什么？"绿水青山就是金山银山"，这里有很紧密的逻辑关系，山水田林湖草"是个生命共同体"，必须综合规划系统开发。空间资源不能像平面资源、像土地那样被切成一块一块，山水田林湖草一定是个整体，一个山系和水系之间是紧密结合的。如果水好把水卖了，山系没有水系，这个山就活不了，因为水会被过度开采，而山就会缺水，各种各样的动植物资源就被破坏了。

所以，山水田林湖草是一个体系，它是不可以被轻易切割的，客观上要求在一定流域范围内形成一个主体，这就叫资源变资产。空间生态资源不能局限在只是那点土地上，必须包含山水田林湖草整个生态资源体系。空间生态资源因为它内在具有结构性的粘连，水系山系一定有这种特有的符合自身的物种——植被或动物种群等等，如果想要把资源变成收益，那就需要有新的说法，打造新的题材。

有些地方找我们咨询如何发展农村，我们讲完了思路以后，他们觉得还是习惯一卖了之。说明大家停留在过去工业化时代对平面资源开发的习惯上太久了，不懂得怎么把"两山"理念变成租值增长的来源。

（三）村民变股东——实现股权主体的多元化

村民怎么变股东？这里面有很有意思的安排，相当于租权变股权。现在有的部门比较简单，根据"某年某月的某一天"确定一个确立股权的时间界限，那其实"恰似一张破碎的脸"。这么界定股权，一定后患无穷，那张破碎的脸上永远看不透。我们调研发现，简单地一次性决定村民都是股东，然后平均分享股权，并且界定说永远不变了，会造成很大的麻烦。

我们曾去广东调研，1997年广东省就推进过以土地为中心的社区股份制改革，就是按照户口变股东，当时是一次性推动的。结果这么变了以后，有很多当时没有涵盖到的人，不断地找回来上访。比如外嫁女的问题，嫁出去了，户口迁出去了，可当时分地的时候人还在，即使是承认她的股权，那她在外村生下的子女算不算有股？当年在这个村里工作的人，分地的时候有份，后来出去外边就业了，户口也迁出了，但是人家当年的劳动贡献是形成村里今天的收益的基础，当时的劳动不能不承认，于是回来要股权。

所以，当只给村民做一种股权，还要去宣布永远不变的时候，是给自己找了一个大麻烦，一次性作股，村民变股东，不是一了百了。后来广东珠三角地区的集体成员权的确认还是比较柔性，比如中山市提出了"依法依规、程序规范，尊重历史、兼顾现实，民主协商、群众认可，因地制宜、维护稳定"的基本原则。[1]

那应该怎么做呢？这里边学问很大。

首先，劳动力投入算不算股。例如有村民说，我家没钱，有劳动力，我能不能投劳算股。我们曾经去过一个村子，山东省烟台栖霞市衣家村，很穷，在山沟里边，虽然种点果树，但是遇到大旱，集体经济完全没有任何分配。村里的劳动力大部分也都外出了，剩下的基本是老弱病残，怎么搞集体经济？一个要地没地，要水没水，要劳力没劳力，要资金没资金的小山村，怎么发展集体经济？这个村的书记衣元良，原本是一个果品商人，当时响应烟台市委组织部的号召，回村去干村支书。怎么做呢？先把路修上山，才能有机械，在山上建一个水塘，才能从下边打井，把水调到山上，才能浇果树，才能有收入，否则就永远穷下去。没有劳动力怎么办呢？他做了一种工票，干一天可以拿到一张工票，不论是七老八旬的还是残疾的，拿不到钱，但可以拿到这张工票，将来换两个小时的浇水权益。以工票换水票，就把留在村里的半劳力，或者称之为"残值劳力"，作为劳动力要素调动起来，把劳动力变成设施型资产，把路修上去，把水修上去，可以浇水抗旱了。

---

[1] 来源于中山市农业局制定出台的《中山市农村集体经济组织成员身份认定指导意见》。

案例 19

衣家村的"劳动入股"

衣家村位于山东省栖霞市亭口镇驻地西南11公里的大山腹地，全村共55户、120余人，党员14名，季节性外出务工人员占全村劳动力80%以上。"地无一亩平，三年两旱情"，是衣家村"缺路缺水"的真实写照。

想致富先修路，衣家村人创新机制、自力更生，修起了一条环山路。2017年9月，村党支部领办合作社，采取"原始股+劳动力入股"方式，入社社员每人1个原始股，对参加合作社劳动的，按照男性120元/天、女性80元/天标准发放"工票"，满2000元不仅自动折算为1个创业股，还能够在合作社内部流通，全村男女老少齐上阵，仅半年多时间就硬生生在大山深处开辟出一条长5.5公里、宽5.5米的环山路，打深水井2眼，为全村350亩耕地铺设滴灌，解决了路和水的难题，改变了"靠天吃饭"的现状。

这个办法不是在办公室想出来的，而是在修路的过程中找到的。刚开始修路时村里还是一穷二白，有的人说能把路修好简直是天方夜谭。

经过讨论，党支部力排众议，决定把老百姓组织起来，自力更生、艰苦创业。全村能劳动的人，加上老人小孩也就三五十人，常来干活的也就十几个人。没有钱发工资怎么办，村书记衣元良说记工分吧。开始修路的第三天，杨淑兰、马秀华两位80多岁老人来了，衣元良书记因为老人的可贵精神依然给了满工分。还劝说村民向二位老人学习，那便不愁修不好路。

就这样修路的人越来越多，衣家村的人心越来越齐。修路的人多了，有人提出来记工分会不会不公平？于是衣元良发明了"工票"。每天上一天工，给个凭证，男工一天120元，女工一天80元。白天干活，晚上发工票。工票要理事长签字，还要两个理事签字。满2000元自动折算为1个创业股。

衣家村就这样解决了村集体没钱的困境，更重要的是将分散的群众组织了起来。这样一支农民队伍，出了8000多个工，用了7个月时间，硬是开辟了一条长5.5公里、宽5.5米的环山路。

如今，在奋斗中成长起来的衣家村已成为中国美丽乡村百佳范例村、山东省乡村振兴示范村。

资料来源：根据江宇《烟台纪事——党支部领办合作社之路》第二章内容及团队在衣家村的调研成果整理。

当他们把这套工作做完的时候，即使大旱之年，种植的苹果糖分也比较高，质量比较好，市场售价也比其他村高。这是把残值劳动力变成了要素，所以当村民变股东的时候，这些人投入了自己仅有的劳动力，变成村里的资产了。那么，这些劳动力投入算不算股？劳力投入有没有价值？是他们形成了这个村的发展基础。后来的人再说，这儿已经搞起来了，投资可以变股金，投资人也算股东，但是这个外来投资股，根据合作社法不许超过20%，其他的资源性的股，劳动力的股，可以占80%。所以我们至少可以看到，在股权安排上可以做到基本股按户口算，劳动股按劳动力所形成的设施型资产算，然后外来投资股可以设置成优先股，这样至少能设置出五六种、七八种股权。在那些集体经济工作相对比较细致的地方，一个村集体至少是五种不同的股权，不同的股权就决定着不同的股东的权益，这套结构后来派生出来的就是治理。

当一个村庄把资源、资金、村民身份都变成股东的时候，股权的多样性就决定了治理的参与多样性。治理不是管理，管理是自上而下的，治理则是社会多元主体参与的过程。当村庄设计有多种股东的时候，他们一定会是多元互动的，如果只有一种股东，那就很难有治理。因此，集体经济的治理，要形成多元的股东的互动。

集体经济怎么才能真正有活力呢？就得推动农村集体经济的公司化改制。先得做到财产关系清晰，资源变资产的过程，指的是生态化的空间立体资源变成集体经济的资产，劳动力的投入形成的资产变成股权，此外还有技术、文化等。比如战旗村要搞川西民居文化、川西生活形态，这是开展乡村旅游的重要资产，提供这些资产的村民就应该形成股权。一个村范围内多种资源都可以变成股权，形成一个村集体的股权多样化。

这里边还有一个必须解决的问题，就是刚才说到的山水田林湖草综合系统开发。山水田林湖草是非标资产，处在资源形态的时候，还不可以进入市场做交易，这里就可以引入股票一级市场的交易方式。村集体自己就是做市商，得去跟村庄发展有关的投资者去做对价，通过对价确定这些非标性资源性资产如何变成可标的价值化资产。这些对价关系意味着，什么人是村庄下一步开发的合作伙伴，他就可以被叫做股票一级市场的战略投资人。比如，要开辟一个唐昌国家农业公园有限公司，谁是农业公园的投资人，就得去跟他对价，通过谈判，形成唐昌面对的雪山这个景观的投资价格，以及一片多样化的物种资源的价格。

同时，还可以邀请有关的技术部门来参与对价，只要参与者能让这个资源的价值增加，大家都来加入，多种投资主体在这样一个对价关系之中，就形成各种股权的定价。

好比一个公司股票上市成功与否的标准，是它协商确定的股票价格是否通过股市最终实现，是增了还是减了。如果减了就是上市不成功，如果增了那就是上市成功。上市公司并不是把资产直接推进二级市场，那就意味着社会公众都来出价，那就不对了。因此集体经济在把非标性的资源性资产变成可标的价值化资产的时候，首先要采用股票一级市场的内部定价方式。

同样用战旗村的案例来说，当年战旗村的集体资产已经被私人承包，当集体要拿回来的时候，就用资金的方式，给流动资金定价，最终的交易是把已经被私人承包的这些企业收回来，他们采取的方式其实是内部定价方式。所以，要克服过去的习惯，不能把村里的资源直接请一个投资商来负责招商引资和开发，这个教训非常惨痛。

三级市场的理论在前述思路中提到过，这里不再赘述。

乡村振兴战略确立之后，我们团队在福建永泰县建立了"乡村振兴研究院"。永泰县相当于福州市的后花园，自然资源非常好，各种各样的古庄寨、明清建筑大量保留，有数千栋老建筑。

调研中发现，其中一个村采用简单化操作，最优质的山水资源让一个开发商来给占有了，山水田林湖草整体系统就被切了一块，剩下的可能就没有这么高的价值了。开发商一拉栏杆、收门票，村里剩下的整条沟系的资源就被切到了沟口，村集体自己再想开发，门口已经被人家封了，这就相当于失去了优质的租源。

再举个例子，可能读者的感受会更直接一点。当年开发海南岛黄金海岸，一片金沙滩、蓝天碧水，因为那时三亚很穷，被当成荒滩荒地卖给了外商。外商建起了五星级酒店，高峰时期一个床位一晚一万元，卖的就是这里的金沙滩、蓝天碧水。实际上，这是按照平面资源给人家，等于同时把空间资源也一块转让，而且一次性转让70年，再想往回找也找不回来了。

总之，"三变"改革才能重构新型集体经济，要体现生态空间资源开发的"空间正义"，就应该让当地集体经济组织占有村域内的生态资源"租"。

三、以治理有效提升地租

大家都知道浙江是实施乡村振兴战略、实现生态价值转化的标杆地区，也是中央确立的"共同富裕示范省"。2005年8月，时任浙江省委书记习近平同志来到湖州市安吉县天荒坪镇余村考察，以充满前瞻性的战略眼光，首次提出"绿水青山就是金山银山"。余村在这一重要理念的引领下，努力修复生态，保护绿水青山，走出了一条生态美、产业兴、百姓富的可持续发展之路，美丽乡村建设在余村变成了现实。

那里怎么开发村庄？在安吉县的余村，外来常住人口有200多人，本村人却不到1000个，原来的1000多人走出去了三分之一，还剩下七八百。也就是说，来投资开发这个村落的人口已经占了全村人口的很大比重，并且还有很多在上海工作的外国人也到这儿来了。余村怎么把物业变成人家愿意投资的财产？除了承认投资人做的改造、装修都是资产，而且在村里有股权，是村集体股东，参与村里的分配之外，投资人还担心今天投了这栋民宅，明天原业主变卦了，收不回来投资，担心白投了，但如果签合同的是本村集体的公司，就敢投资了。外来市民投了几个亿的资金，一旦演变成多元财产关系派生的多元主体就能形成多元治理。因为，这个经济过程客观上要求一个相对应的治理过程。如果投资人完全没有参与治理的能力就不敢投资。

所以，怎么让业户放心，怎么能够形成一个有效治理。有效治理配合着第三产业的业态开发，不是按照一个部门文件、一个法律，搞一套程式就能完成的。包括现在被大家公认有效的那种网格化治理，没有结合业态变化，就算网格化了，不过是看成本大小，如果当地有足额的财政就维持得住，如果没有足额的财政，网格化将是一个高成本治理。如果村集体能够形成多元股权的公司，让大家愿意投资，新村民愿意加入进来，就是一个重要的多元治理的前提。

还有个重要的话题，就是2010年以来世界上多的是钱，少的是资源。过去我们招商引资是因为没钱，现在实体经济普遍不景气，国家大量印钞，想让钱进入实体经济，但进不去。因此现在钱都在金融机构内部转圈子，投不出去。钱多，到处找可投资的领域，但找不到。所以很多过去按教科书浪漫主义行事的一些学者也在积极呼吁应该放开农村物业，允许市民下乡，大家也都基本接受了我们多年来强调的这一观点。我们说，"城市化是个方向，逆城市化也是个方向"。什么叫"逆城市化"，上千万市民下乡居住就是"逆城市化"。如果城市化是以乡村的衰败和破坏为代价的，那就得"逆城市化"。

　　回到"租"这个主题，村集体得学会收租，不是去制造租。制造租的是资源，让资源增加，租才能增加。此外，还得靠投资人来投项目，可以把他的投资变成股权加入村办合作社，他们就是资源租的创造者。在村集体公司以村内资源做股的条件下可以搞多种合作社，如物业合作社、餐饮合作社、旅游合作社、金融合作社等。集体经济作为吃租者，可以把村域资源做成股权安排到各种合作社，比如说物业合作社，就是以村集体对物业占地的所有权入股到物业合作社，可以有多种物业合作社，不一定只有一个。同理，餐饮合作社也可以有多种不同的类型。

　　在陕西袁家村的小吃一条街上，至少有五六个合作社，比如做豆腐的就有豆腐合作社，各种行业有不同业态的合作社。这些合作社是用来集资的，用来形成资产的，也是调节分配的。袁家村的餐饮一条街跟我们大家想象的传统市场是完全不一样的，传统市场是粗放的数量型增长的市场制度，袁家村现在是细致管理。所有在这条餐饮街上的业户都不得重复，卖面条的只许有一家，卖馒头的只许有一家，卖辣椒的只许有一家，卖酸奶的只许有一家，如果想开第二家绝对禁止，防止小的业户低水平竞争。比如说卖酸奶的两家三家，卖辣椒的两家三家，就会互相杀价，质量就无法保证。餐饮业中，食品安全第一位。对此，袁家村统一供应食材，严格禁止小业态的低水平竞争。老书记是带着这个村发展起来的，为了防止低水平的恶性竞争，他把村里边的干部也变成股东，让他们变成一个对公共资源承担责任的业主。

四、应重视转型中的集体经济

最后，我们讲一下"重构新型集体经济"的重要性。

新型集体经济，是基于农村集体产权制度改革，以共同富裕为目标，以市场化资源配置为核心，相关利益方通过联合与合作，形成的具有明晰的产权关系、清晰的成员边界、合理的治理机制和利益分享机制，实行平等协商、民主管理、利益共享的经济形态。发展壮大新型集体经济，是巩固完善农村基本经营制度的重要内容，是巩固脱贫攻坚成果和推进乡村振兴战略的重要举措，是巩固党在农村执政基础的重要保障，是实现共同富裕的重要路径。必须以习近平总书记关于"三农"工作的重要论述为指引，坚持党建引领、政府推动、村社主体、社会参与的原则，大力推进新型农村集体经济改革发展。

集体经济是我们国家战略重大转型之中的微观主体，这个微观主体配合的战略，除了乡村振兴之外，还有以国内大循环为主体的转型，以及从工业文明向生态文明的转型。这些重大的战略方向调整，需要新的微观主体来支撑，新型集体经济就是适用于空间生态资源内生具有的整体结构性关系的一种微观主体。

前面讲了怎么把国家投到农村的资金变成集体经济的股金；村域生态资源通过内部化定价变成资产；村民变股东的身份应该多元化，才能有效治理。村级集体经济的发展一定带来的是村庄社区的有效治理，这取决于"三变"改革在村户两级做股的时候多元股权的安排，最主要的是财产关系上的多元化。

回到最根本上来说，还是要坚持马克思主义基本原理，什么样的经济基础决定什么样的上层建筑。所以，中央强调过，乡村振兴要坚持正确的政治方向。可见，这不仅仅只是一个工作问题，同时也是一个社会主义思想和实践紧密结合的过程，体现了新时代的基层干部的认识水平和工作水平。

附录

国仁永续：我们到底做什么？[①]

因为有话要说，而且要说在我们团队近期系列出版物的前面，[②]所以写总序。

我自20世纪60年代以来，从被动实践中的主动反思到20世纪80年代以来主动实践中的主动反思，经两个"11年"在不同试验区的历练，[③]加之后来广泛开展国内外调查和区域比较研究，且已经过了知天命之年……自忖有从经验层次向理性高度升华的条件，

[①] 此文为乡建团队系列出版物的总序，选自温铁军《解构现代化：温铁军演讲录》，东方出版社2020年版。

[②] 这几年我们会有十几本书分别以不同作者、不同课题成果的名义问世。这些出版物都被要求做单独的"成果标识"。但我们实际上要做的仍然是这几十年的经验归纳总结和理论提升，"实事求是"地形成"去意识形态化"的话语体系。由此，就需要为这个分别标识的系列出版物做个总序。

[③] 参见即将出版的《温铁军自述——难得5个11年》(暂定名)，其中对20世纪80至90年代在官方政策部门开展农村改革试验区及新世纪启动民间为主的新乡村建设试验区，两个11年的经历分别予以归纳。

便先要求自己努力做到自觉地"告别百年激进",[1]遂有新世纪以来从发起社会大众参与改良、对"百年乡建（ruralreconstruction）"之言行一致地接续，而渐趋达至"国仁"思想境界，亦即一般学人必须"削足"才能跟从制度"适履"，但只要纳入主流就碍难达到的"实践出真知"。

因此，我在2016年暑假从中国人民大学退休之际，要求为今后几年的一系列出版物担纲作序，也主要是想明了指出"国仁文丛"何词何意，亦即：这个丛书是个什么思路和内涵？

一、释义之意

"国"者，生民聚落之域也。"上下五千年"是中国人开口就露出来的文化自豪！就在于，人类四大文明古国除了中华文明得以历经无数朝代仍在延续之外，其他都在奴隶制时代以其与西方空间距离由近及远而次序败亡。由此看中国，唯其远在千山万水之隔的亚洲之东，尤与扩张奴隶制而强盛千年的西方相去甚远，且有万代众生勉力维护生于斯而逝于斯之域，"恭维鞠养，岂敢毁伤"，兹有国有民，相得益彰。遂有国民文化悠久于国家存续之理，更有国家历史传承于国民行动之中。

"仁"者"爱人"，本源于"仁者二人也"。先民们既受惠于光

---

[1] 参见温铁军：《告别百年激进》，东方出版社2016年版。这是我2004—2014年这10年演讲录的上卷，主要是与全球化有关的宏大叙事和对宏观经济形势的分析，甫一出版即被书评人排在当月优选10本财经类著作的第一位。但在此书出版之前，我还没有来得及设计"国仁文丛"，也就不能把这个序言加上去。

风水土滋养哺育的东亚万年农业，又受制于资源环境只能聚落而居，久之则族群杂处，而需邻里守望、礼义相习，遂有乡土中国仁学礼教上下一致维系大一统的家国文化之说，于是天下道德文章唯大同书是尊。历史上每有"礼崩乐坏"，随之社会失序，必有"国之不国，无以为家"。是以，"克己复礼为仁"本为数千年立国之本，何以今人竟至于"纵己毁礼为恶"……致使梁漱溟痛感"自毁甚于他毁"的现代性为表、横贪纵欲为里之巨大制度成本肆无忌惮地向资源环境转嫁而至人类自身不可持续！

据此可知我们提出"国仁"思想之于文丛的内涵：

中国人历史性地身处三大气候带覆盖、差异显著的复杂资源地理环境下，只有以多元文化为基础的各类社会群体兼收并蓄、包容共生，才能实现并绵延中华文明数千年的历史性可持续。

这个我们每个人都身处其中的、在亚洲原住民大陆的万年农业文明中居于核心地位的"群体文化"内核，也被老子论述为"阴阳之为道也"，进而在漫长的文化演进中逐渐形成了极具包容性的、儒道释合一的体系。[1]

由是，在21世纪初重启中国乡村建设运动之后，我们团队试图把近代史上逐步从实践中清晰起来的乡建思想，寻源上溯地与先贤往圣之绝学做跨时空结合，归纳为人类在21世纪转向"生态

---

[1] 最近10年一直有海内外学者在研究乡建。国外有学者试图把中国乡建学者的思想上溯归源到孔子或老子，国内也有人问我到底偏重晏阳初还是梁漱溟，还有很多人不理解梁漱溟晚年由儒家到佛家的思想演变。其实,我们从来就是兼收并蓄。在儒道释合一的顶天立地和五洲四海的融会贯通之中形成乡建思想。因此,这些海外研究者的关注点对我们来说本来不是问题。

文明"要承前启后的社会改良思想。①

是以,"道生万物,大德中庸。上善若水,大润民生。有道而立,大象无形。从之者众,大音希声"。②此乃百年改良思想指导下的乡村建设运动之真实写照。

基于这些长期实践中的批判性思考,我们团队认同的"国仁文丛"的图形标志,是出土的汉代画像砖上那个可与西方文明对照的、扭合在一起的蛇身双人——创造了饮食男女人之大欲的女娲,只有和将阴阳八卦作为思想工具"格物致知"了人类与自然界的伏羲有机地合为一体,才有人类社会自觉与大自然和谐共生的繁衍。蛇身双人的扭结表明,在中国人传统思想中物质与精神的自然融合,得益于多样性内在于群体文化规范,而不必指人欲为"原罪"而出伊甸园;也不必非要构建某一个派别的绝对真理而人为地分裂成唯物与唯心这两个体系,制造出"二元对立结构"的对抗性矛盾。

此乃思想理论意义上的"国仁"之意。

行动纲领意义上的"国仁",十多年前来源于英文的"green ground"。

我们搞乡村建设的人,是一批"不分左右翼,但分老中青"的海内外志愿者。③大家潜移默化地受到"三生万物"道家哲学思

---

① 本文丛并非团队的全部思想成果,但在"国仁文丛"设计之前的成果没法再纳入进来,只好如此。
② 这些年,我一直试图对承上启下的中国乡村建设运动中形成的国仁思想做归纳,遂借作序之机凝练成这段文言,意味着国仁追求的是一种"大道、大润、大象、大音"的思想境界。
③ 中国乡建运动之所以能够延续百年而生生不息,乃在于参与者大抵做到了思想和行动上都"去激进",不照搬西方的左右翼搞的党同伐异。

想影响，而或多或少地关注我自20世纪90年代以来坚持的"三农问题"——农业社会万年传承之内因，也在于"三位一体"：在于农民的生产与家庭生计合为一体，在于农村的多元化经济与自然界的多样性合为一体，在于农业的经济过程与动植物的自然过程合为一体。

据此，我们长期强调的"三农"的三位一体，在万年农业之乡土社会中，本来一直如是。告别蒙昧进入文明以来的数千年中，乡村建设在这个以农业为基础繁衍生息的大国，历来是不言而喻之立国之本。

据此，我们长期强调的三位一体的"三农"，本是人类社会转向生态文明必须依赖的"正外部性"最大的领域，也是国家综合安全的最后载体。

中国近代史上最不堪的麻烦，就在于激进者们罔顾"三农"的正外部性，把城市资本追求现代化所积累的巨大"负外部性"代价向乡土中国倾倒！于是，我虽然清楚"三农"本属于三位一体，也曾经在20年代90年代末期和21世纪第一个10年特别强调"'三农'问题农民为首"，主要是因为那个时期的形势严重地不利于农民这个世界最大的弱势群体。实际上，也就是在做这种特别强调而遭遇各种利益集团排斥的困境中，我才渐行渐知地明白了前辈的牺牲精神。大凡关注底层民生的人，无论何种政治诉求、宗教情怀和文化旨趣，总难免因慈而悲、因悲而悯，在中国百年激进近现代史中，也就难免"悲剧意义"地、历史性地与晏阳初的悲天悯人①、梁漱溟的"妇人之仁"等，形成客观的承继关系。据此看，20世纪初期的"乡建派学者"也许应该被归为中国最早的女性主义。②我们作为继往开来的当代乡村建设参与者，有条件站在前辈肩上高屋建瓴、推陈出新，不仅要认清20世纪延续而来的中国"三农"困境，而且要了解21世纪被单极金融资本霸权强化了的全球化，及其向发展中国家转嫁巨大制度成本的制度体系。这个今人高于前人的全球视野，要求我们建立超越西方中心主义意识形态的世界观和宏大叙事的历史观，否则，难以引领当代乡村建设运动，遑论提升本土问题的分析能力。

从2001年中央主要领导人接受我们提出的"'三农'问题"这个难以纳入全球化的概念以来，即有一批志愿者着手复兴百年传承的"乡村建设"。部分年轻的乡建志愿者于2003年在距北京大约300公里之遥的河北翟城村创办起了"晏阳初乡村建设学院"，一开始根本就没有外部资金投入和内部管理能力。因为这种以民间力量为主的社会运动无权无钱，很大程度要靠热血青年们艰苦奋斗。年轻人激情四射地创了业，也激情四射地生了孩子，老辈们就得跟上支持和维护。十多年来，有一句低层次的话多次被我在低潮的时候重复：存在就是一切。只要我们在主流随处可见的

---

① 参阅温铁军:《三农问题与制度变迁》，中国经济出版社2009年版。记得一位学者型领导曾经语重心长地告诫我：农民在现代化的大潮中挣扎着下沉，就剩下两只手在水面乱抓。你的思想无所谓对错，只不过是被溺水者最后抓住的那根稻草，再怎么努力，也不过是落得跟着沉下去的结局……
② 乡建前辈学者梁漱溟因在1953年与毛泽东激辩合作化问题而被后者批为"妇人之仁"。据此，梁漱溟可以被认为是中国20世纪50年代的早期女性主义者。尽管在实事求是的态度面前，打上何种类别的标签并不重要，但如果这是当代学者们的本能偏好，也只好任由其是。

排斥下仍然以另类的方式存活下去，就证明了超越主流的可持续。在最开始跟我们一起出资、出人共同参与村里主办的乡建学院的三个村外单位中，两个是海外的机构。①我们在跟海外机构打交道的时候，心里就觉着，应该给这个社会广泛参与的乡建运动将来可能形成的可持续生存系统，提出一个可以做国际交流的概念，一个符合21世纪生态文明需要的、大家可以共享的名号。于是就跟海外志愿者们商量，提出了这个英文概念"green ground"。若直译，就是"绿色大地"；若意译，则是"可持续基础"。如果把音译与意译结合起来考量，那就是"国仁"。有国有仁，方有国人国祚久长不衰。

从十多年来的乡建工作看，这三个意思都对路。

二、文丛之众

俗话说，三人为众。子曰："三人行，必有吾师焉。择其善者而从之，其不善者而改之。"如此看文丛，乃众人为师是也。何况，我们在推进乡村建设之初就强调"去精英化"的大众民主。②

---

① 我们2003年创办晏阳初乡村建设学院的时候，主办单位是我担任法人代表的"中国经济体制改革杂志社"和翟城村米金水老书记代表的村委会。三家联合创办单位最初全部投入约为20万元，一直都没有回报。我后来陆续投入各项工作（包括赞助3年以上乡建骨干获取中国人民大学硕士和博士学位）的资金不低于百万，转化为当今所有以乡建为名的志愿者们无偿使用的无形资产。我们至今仍是参与乡建的志愿者。

② 关于精英专政与大众民主的分析，请参阅《人间思想第四辑：亚洲思想运动报告》，人间出版社2016年版，第2—19页。

前几年，一直希望整个团队愿意理解我试图"让当代乡建成为历史"的愿望。尤其希望大家能够结合对近代史中任何主流都激进推行现代化的反思，主动地接续前辈学者上一个世纪之交开始的乡村建设改良运动，在实际工作中不断梳理经验教训。或可说，我"野心勃勃"地企图把我们在新的世纪之交启动的新乡建运动，纳入百年乡建和社会改良史的脉络。诚然，能够理解这番苦心的人确实不多。①

　　这几年，我也确实算是把自己有限的资源最大化地发挥出来，"处心积虑"地安排乡建志愿者中有理论建设能力的人在获取学位之后分布到设有乡建中心或乡建学院的不同高校，尽可能在多个学科体系中形成跨领域的思想共同体。目前，我们在海内外十几个高校设有机构或合作单位，有数十个乡村基层的试点单位，能够自主地、有组织有配合地开展理论研究和教学培训工作，立足本土乡村建设的"话语体系"构建，已经有了丰硕成果。②

　　总之，我们不仅有条件对新世纪已经坚持了15年的"当代新乡建"做个总结，而且有能力形成对20世纪前辈乡村建设运动的

---

① 近年来，我不断在乡建团队中强调对乡建经验的归纳总结要尽可能提升到理性认识高度，并且要努力接续百年乡建历史，并带领团队申报了一批科研项目。那么，要完成科研任务，就要花费很多精力。对此，就有一些长期从事乡村基层工作，必须拿到项目经费才能维持单位生存，为此来不及形成理论偏好的同仁难以接受，甚至有些意见相左之人表达了误解、批评。这本来不足为怪，对批评意见也不必辩解。总体上看，大乡建网络的各个单位还是积极配合的。但，考虑到这些批评说法将来可能会被人拿去当某些标题党的报道和粗俗研究者的资料，因此，我才不得不以总序的方式让相对客观些的解释在各个著述上都有起码的文字依据——尽管这些话只是简单地写在脚注中。

② 中国有中国人民大学、中国农业大学、国家行政学院、清华大学、重庆大学、华中科技大学、北京理工大学、上海大学、西南大学、福建农林大学、香港岭南大学。海外有英国舒马赫学院、美国康奈尔大学，近期正在形成合作的还有国际慢食协会的美食科技大学（意大利）等。

继承发扬。

我们团队迄今所建构的主要理论创新可以表述为以下五点。

一是人类文明差异派生论。气候周期性变化与随之而来的资源环境条件改变对人类文明差异及演化客观上起决定作用。据此，人类文明在各个大陆演化的客观进程，至少在殖民化滥觞全球之前应是多元化的，不是遵循在产业资本时代西方经典理论家提出的生产方式升级理论而展开的。这个理论有助于我们构建不同于主流的生态化历史观。

二是制度派生及其路径依赖理论。不同地理条件下的资源禀赋和要素条件，决定了近代全球化之前人类文明及制度的内生性与多元性，也决定了近代史上不同现代化的原始积累（东西方差异）途径，由此形成了不同的制度安排和体系结构，并构成其后制度变迁的路径依赖。这也成为我们开展国别比较和区域比较研究的重要理论工具。

三是成本递次转嫁论。自近代以来，在全球化所形成的世界体系中，核心国家和居于主导地位的群体不断通过向外转嫁制度成本而获取收益，得以完成资本原始积累、实现产业资本扩张和向金融资本跃升，广大发展中国家及底层民众则因不断被迫承受成本转嫁而深陷"低水平陷阱"难以自拔。当代全球化本质上是一个因不同利益取向而相互竞争的以金融资本为主导、递次向外转嫁成本以维持金融资本寄生性生存的体系。在人类无节制的贪欲面前，最终承担代价转嫁的是"谈判缺位"的资源和生态环境，致有人类社会的不可持续之虞。

四是发展中国家外部性理论。二战后绝大多数发展中国家都是通过与宗主国谈判形成主权，这可以看作一个"交易"。任何类型的交易都有信息不对称带来的风险，因转交交易范围之外的经济和社会承载而为外部性问题，任何信息单方垄断都在占有收益的同时对交易另一方做成本转嫁，由此发展中国家谈判形成主权必有负外部性，导致难以摆脱"依附"地位。但，越是一次性博弈则风险爆发造成谈判双方双输的可能性越大，发达国家在巧取豪夺巨大收益的同时，其风险也在同步深化和加剧。

五是乡土社会应对外部性的内部化理论。中国作为原住民人口大国中唯一完成工业化的国家，其比较经验恰恰在于有着几千年"内部化处理负外部性"的村社基础，其中的村社理性和政府理性构成中国的两大比较制度优势。但政府同样是人类制造出来但反过来统治人类自身的成本高昂的异化物。遂有政府与资本相结合激进推进现代化之后严重的经济、社会、文化、资源、环境等负外向性问题，成为中国通往可持续的严重障碍，才有如此广泛的民众愿意参与进来，以期通过乡村建设使"三农"仍然作为中国危机"软着陆"的载体。

以上五点核心思想，主要体现于我们基于"本土化"和"国际化"两翼而展开的以下五个领域的研究工作中。

一是应对全球化的挑战。在资本主义三阶段——原始积累阶段、产业资本扩张阶段和金融资本阶段，核心国家/发达国家总是不断以新的方式向外转嫁制度成本，乃是全球化给广大发展中国家、给资源环境可持续带来的最大挑战。这个思想，在我们的主要课题研究中，作为全球宏观背景，都有所体现，也发表在我们关于全球资本化与制度致贫等一系列文章中。

二是发展中国家比较研究。团队与联合国开发计划署合作，构建了"南方国家知识分享网络"，开展了"新兴七国比较研究"和"南方陷阱"等发展中国家的深入研究。目前正在进行比较研究的新兴七国包括中国、巴西、印度、印度尼西亚、委内瑞拉、南非、土耳其。已经发表了有关文章和演讲，两部专著也在整理和修改之中。

三是国内区域比较研究。中国是个超大型国家，各区域的地理条件和人文环境差异极大，对各区域的发展经验进行研究、总结和归纳，是形成整体性的"中国经验"并建立"中国话语"的基础。团队已经完成了苏南、岭南、重庆、杭州、广西左右江、苏州工业园区等不同地区的发展经验的分析。已经发表了多篇文章，形成的专著也获得多项国家级、省部级出版奖和科研奖。

四是国家安全研究。国家综合安全是当前面临"以国家为基本竞争单位的全球化"的最大挑战。基于国际比较和历史比较，团队研究表明了新中国通过土地革命建立政权与其利用"三农"内部化应对经济危机之间的相关关系——从历史经验看，新中国在其追求"工业化+城市化=现代化"的道路上，已经发生了九次经济危机，凡是能动员广大农村分担危机成本的，就能实现危机"软着陆"，否则就只能在城市"硬着陆"。团队正在开展的研究是以国家社科基金重大项目为依托，探讨如何从结构和机制上改善乡村治理以维护国家综合安全。

五是"三农"与"三治"研究。我们自提出"'三农'问题"并被中央领导人接受之后，用了十多年的时间来研究乡村"三治问题"（指县治/乡治/村治）。自20世纪80年代农村去组织化改革以来，作为经济基础的"三农"日益衰败，而作为上层建筑的"三治"成本不断上升，二者之间的错配乃至哲学意义上的冲突愈益深化！其结果，不仅是农村大量爆发对抗性冲突，陷入严重的不可持续困境，还在生态环境、食品、文化等方面成为国家综合"不安全"的重要"贡献者"。比形成对问题的完整逻辑解释更难的，是我们如何打破这个"囚徒困境"。也因此，任何层面上的实践探索都难能可贵，即使最终被打上"失败"的标签，也不意味着这个唐·吉诃德式的努力过程并不重要，更不意味着这个过程作为一种社会试验没有记录和研究价值。

综上，"大乡建"体系之中从事研究的团队成员众多，且来去自由，但混沌中自然有序，我认为团队在这五个领域的思想创新，在五个方面所做的去西方中心主义、去意识形态的理论探索，已经形成了"研究上顶天立地，交流上中西贯通"的蔚然大观。仅"国仁文丛"的写作者就有数十人，参与调研和在地实践者更无以计数，收入的文字从内容到形式都有创新性，且不拘一格。如果从我20世纪80年代就职于中央农研室做"农村改革试验区"的政策调研和国内外合作的理论研究算起，我们脚踏实地开展理论联系实际的科研实践活动已经数十年了。其间，团队获得了十多项国家级"纵向课题"和数十项"横向课题"，获得了十几项省部级以上国内奖以及一项海外奖。在高校这个尚可用为"公器"的平台上，我们团队通过这些体现人民大学"实事求是"校训的研究和高校间的联合课题调研，已经带出来数百名学生，锻炼了一批能够深入基层调研，并且有过硬发表成果的人才，也推进了分散在各地城乡的试验区的工作水平。

由此看，当代大乡建由各自独立小单位组成，虽然看上去是各自为政的"四无"体系——"无总部、无领导、无纪律、无固定资金来源"；却能"聚是一团火，散是满天星"，做出了一般海外背景或企业出资的非政府组织"做不到、做不好、做起来也不长久"的事业。诚然，这谈不上是赞誉我们团队的治理结构，因为各单位难免时不时发生各种内部乱象。但，乡建参与者无论转型为NGO（非政府组织）还是NPO（非营利组织），都仍愿意留在大乡建之中，否则再怎么干得风生水起也难有靠自己的思想水平形成"带队伍"的能力！若然，则乡建改良事业得以百年传承的核心竞争力，恰在于"有思想创新，才能有人才培养，才有群体的骨干来带动事业"。君不见：20世纪乡村建设大师辈出、试验点竟以千数，21世纪新乡建则学者咸从、各界群众参与者更有数十万！

这就是大众广泛参与其中的另一种（alternative）社会历史……

由此看到：发展中国家为主的"世界社会论坛"（World Social Forum）提出的口号是"另一个世界是可能的"（another world is possible）；而在中国，我们不习惯提口号，而是用乡建人的负重前行，在大地上写下"另一个世界就在这里"（another world is here）。

人们说，20年就是一代人。从2001年算起，我们发扬"启迪民智，开发民力"的前辈精神、在新世纪海内外资本纵情饕餮大快朵颐中勉力传承的"大乡建"，作为大众广泛参与的社会改良事业已经延续15年了！再坚持5年，就是一代人用热血书写的历史了。

作为长期志愿者，大家都辛苦，但也乐在其中！吾辈不求回报，但求国仁永续。唯愿百年来无数志士仁人投身其中的乡建事业，在中华文明的生生不息中一代代地传承下去。

以此为序，上慰先贤；立此存照，正本清源。

温铁军

丙申年甲午月

西元二〇一六年六月

参考文献

[1] 习近平：《论"三农"工作》，中央文献出版社2022年版。

[2] 中共中央党史和文献研究院：《习近平关于"三农"工作论述摘编》，中央文献出版社2019年版。

[3] 温铁军：《乡建笔记：新青年与乡村的生命对话》，东方出版社2020年版。

[4] 温铁军：《告别百年激进：温铁军演讲录2004—2014（上）》，东方出版社2016年版。

[5] 温铁军，张孝德：《乡村振兴十人谈：乡村振兴战略深度解读》，江西教育出版社2018年版。

[6] 温铁军等著：《八次危机：中国的真实经验1949—2009》，东方出版社2013年版。

[7] 温铁军：《"三农"问题与制度变迁》，中国经济出版社2009年版。

[8] 温铁军，杨帅：《"三农"与"三治"》，中国人民大学出版社2016年版。

［9］"名家领读经典"课题组著：《人民公开课：中国共产党与国家治理体系和治理能力现代化》，浙江人民出版社2018年版。

［10］温铁军：《全球化与国家竞争：新兴七国比较研究》，东方出版社2021年版。

［11］温铁军：《解构现代化》，东方出版社2020年版。

［12］温铁军，兰英，刘亚慧：《我们的生态化：20年转型辑录》，东方出版社2021年版。

［13］温铁军，唐正花，刘亚慧：《从农业1.0到农业4.0：生态转型与农业可持续》，人民东方出版传媒有限公司2021年版。

［14］温铁军，张俊娜，邱建生：《居危思危：国家安全与乡村治理》，东方出版社2016年版。

［15］温铁军主编：《乡村振兴的成都探索与实践》，成都时代出版社2018年版。

［16］吕程平，温铁军，王少锐，张小菲编：《深度贫困地区农村改革探索》，社会科学文献出版社2020年版。

［17］温铁军主编；郭光磊丛书主编：《中国农业的生态化转型》，中国农业出版社2017年版。

［18］温铁军：《中国农村基本经济制度研究》，中国经济出版社2006年版。

［19］潘家恩，张振主编：《百年乡建与现代中国：乡村建设演讲录》，北京：社会科学文献出版社2022年版。

［20］［美］蕾切尔·卡逊：《寂静的春天》，人民出版社1962年版。

［21］［乌拉圭］爱德华多·加莱亚诺：《拉丁美洲被切开的血

管》，人民文学出版社2001年版。

［22］［阿根廷］普雷维什著，苏振兴、袁兴昌译：《外围资本主义》，北商务印书馆2015年版。

［23］张孝德：《乡村振兴专家深度解读》，人民东方出版传媒有限公司2021年版。

［24］温铁军：《关于城镇化的研究体会》，2013年在第二届中国（广州）国际金融交易博览会论坛上的讲话。

［25］《重构新型集体经济，立体开发乡村空间资源》，重庆日报农村版，2020年1月10日。

［26］温铁军：《生态资本深化与壮大农村新型集体经济》，2020年在第十九届中国西部（重庆）国际农产品交易会城乡融合发展高峰论坛上的讲话。

［27］温铁军：《以"三新"思想拓展现代农业经营体系的内涵》，中国农村经济，2021，（4）：5—8。

［28］温铁军：《回嵌乡土："另一个世界就在这里"》，中国图书评论，2021，（9）：7—14

［29］温铁军：《中国生态文明转型与社会企业传承》，中国农业大学学报（社会科学版），2019，第36卷（3）：111—117。

［30］温铁军：《生态文明转型召唤社会企业和社会企业家——张謇的启示》，文化纵横，2019，（2）：91—97，144。

［31］温铁军，逯浩：《国土空间治理创新与空间生态资源深度价值化》，西安财经大学学报，2021，第34卷（2）：5—14。

［32］温铁军：《生态文明战略下的乡村振兴——首届世界乡村复兴大会的发言》，山西农业大学学报（社会科学版），2021，

第20卷（1）：1—5。

[33] 温铁军，罗士轩，马黎：《资源特征、财政杠杆与新型集体经济重构》，西南大学学报（社会科学版），2021，47（1）：52—61，226。

[34] 温铁军：《以"三新"思想全面引领乡村振兴》，重庆行政，2021，第22卷（2）：16—18。

[35] 温铁军：《农业自何时起被当作第一产业？》，中国生态文明，2021，（1）：88。

[36] 江小莉，温铁军，施俊林：《"两山"理念的三阶段发展内涵和实践路径研究》，农村经济，2021，（4）：1—8。

[37] 逯浩，温铁军：《生态资源价值助推乡村振兴》，中国金融，2021，（4）：27—28。

[38] 温铁军，张俊娜：《疫情下的全球化危机及中国应对》，探索与争鸣，2020，（4）：86—99，288。

[39] 温铁军：《激活沉淀资产以乡村振兴助力国内大循环》，中国农村金融，2021，（1）：12—13。

[40] 温铁军：《新时代生态化转型与基础理论创新》，政治经济学报，2021，第20卷（1）：18—24。

[41] 温铁军：《乡村振兴10个重要关注点》，西部大开发，2021，（8）：84—87。

[42] 温铁军：《推进农业农村现代化的关键抓手》，中国生态文明，2021，（2）：23—26。

[43] 温铁军：《新时代乡建20年需要真实叙事》，新华月报，2021，（11）。

［44］温铁军：《共同富裕的在地化经济基础与微观发展主体》，乡村振兴，2021，（9）：18—20。

［45］潘家恩，吴丹，罗士轩，温铁军：《自我保护与乡土重建——中国乡村建设的源起与内涵》，中共中央党校学报，2020，第24卷（1）：120—129。

［46］温铁军，王茜，罗加铃：《脱贫攻坚的历史经验》，当代中国史研究，2021，第28卷（2）：151。

［47］温铁军，罗士轩，刘亚慧：《回看中国：20世纪末的"化危为机"与结构性制度变迁》，上海大学学报（社会科学版），2020，第37卷（4）：1—13。

［48］何慧丽，温铁军：《生态文明视域下脱贫攻坚的制度创新》，人民论坛，2018，（21）：48—50。

［49］潘家恩，温铁军：《三个"百年"：中国乡村建设的脉络与展开》，开放时代，2016，（4）：126—145，7。

［50］温铁军，邱建生，车海生：《改革开放40年"三农"问题的演进与乡村振兴战略的提出》，理论探讨，2018，（5）：5—10。

［51］温铁军，杨洲，张俊娜：《乡村振兴战略中产业兴旺的实现方式》，行政管理改革，2018，（8）：26—32。

［52］温铁军：《乡村振兴向袁家村学习什么》，中国乡村发现，2020，（1）：25—28。

［53］温铁军：《在地化的平民教育》，时代人物（新教育家），2019，（8）。

［54］温铁军，刘亚慧，张振：《生态文明战略下的三农转

型》，国家行政学院学报，2018，（1）：40—46，149。

[55] 温铁军，刘亚慧，唐溧，董筱丹：《农村集体产权制度改革股权固化需谨慎——基于S市16年的案例分析》，国家行政学院学报，2018，（5）：64—68，189。

[56] 杜洁，张兰英，温铁军：《社会企业与社会治理的本土化——以卢作孚的民生公司和北碚建设为例》，探索，2017，（3）：138—143。

[57] 高俊，计晗，温铁军，董筱丹：《国家综合安全基础在于改善乡村治理——关于问题意识和政策选择的讨论》，中国软科学，2017，（2）：7—16。

[58] 杜洁，兰子馨，温铁军：《张謇精神密码：空间正义、在地化发展、社会型企业》，中央社会主义学院学报，2021，（2）：180—183。

[59] 温铁军：《乡村振兴的关键：生态产业化和产业生态化》，乡村复兴论坛·永泰庄寨峰会；乡村复兴论坛·大埔峰会，2018。

[60] 温铁军，张俊娜，罗士轩：《时空变换背景下的中国农业发展》，中共浙江省委党校学报，2016，（6）：5—12，1。

[61] 温铁军，张俊娜，邱建生，董筱丹：《国家安全以乡村善治为基础》，国家行政学院学报，2016，（1）：35—42。

[62] 温铁军：《中国中产阶层崛起的社会影响》，领导文萃，2017，（7）：25—28。

[63] 包慧：《"不信邪"温铁军：乡村振兴是应对内忧外患的压舱石》，21世纪经济报道，2021年9月20日。

[64] 苏庆明，周晓梦：《中国人民大学教授温铁军：瞄准目标群体促进生态消费》，海南日报，2021年12月17日。

[65] 马琳.温铁军：《新型城镇化别走粗放增长"老路"》，中国房地产报，2020年10月26日。

[66] 温铁军，梅剑飞：《走出产能过剩 迈向生态文明》，新华日报，2013年10月16日。

[67] 温铁军：《我给张家冲打90分以上》，湖北日报，2017年7月17日。

[68] 温铁军，陈高威：《在疫情防控实践中提高乡村治理效能》，农民日报·乡村治理专刊，2020年3月26日。

[69] 温铁军，陈高威：《进一步完善城乡基层治理（新知新觉）》，人民日报·理论版，2020年3月27日。

[70] 温铁军，陈高威：《稳"三农"基础，稳经济大局》，人民日报海外版，2020年3月31日。

[71] 温铁军，陈高威：《筑牢经济"软着陆"的乡土基础》，人民日报海外版，2019年2月27日。

[72] 陈高威：《乡村治理应警惕高成本陷阱》，农民日报·理论版，2021年5月1日。

专栏案例索引

案例1　山乡巨变的岚溪村　039

案例2　生态产品价值实现的"南平路径"　050

案例3　重庆城口县生态经济之路——探寻"中国之治"的"实践密码"　059

案例4　传统农耕模式焕发新活力　084

案例5　山东省烟台市推行党支部领办合作社　096

案例6　社会企业家张謇的在地化贡献　101

案例7　"滋农游学"的"六产"收益　137

案例8　陕西省留坝县成立"两山生态资源资产有限公司"　142

案例9　创新城乡社区治理体制机制的成都探索　152

案例10　武汉市鼓励"市民下乡"黄金二十条　162

案例11　成都农交所助力农村土地改革　170

案例12　农村金融服务平台——"农贷通"　174

案例13　内置合作金融的郝堂试验　178

案例14　福建农林大学创新教育模式培养乡村人才　181

案例15　"爱故乡·村歌计划"唤醒乡村文化　202

案例16　福建省委省直机关工委"我在乡间有亩田"党员志愿活动的倡议　209

案例17　"南国第一村"的吃租经济　246

案例18　福建霞浦县吃上了生态价值饭　249

案例19　衣家村的"劳动入股"　253